小言論

（第二集）

擺脫帝國主義的陰影，透過「自救」獲得一線生機

- 上位者為「濫用」放肆「搜刮」，國家將逐步走向民窮財盡
- 藉由「名望」作威作福，相對於未嘗有過名望之人更加可恨
- 政治經濟與教育密不可分，去除官僚主義方能保障學生權益

鄒韜奮——著

侵華戰爭已揭開帷幕，部分中國人卻與日軍狼狽為奸，
在一片槍林彈雨之中，此起彼落的是百姓痛苦的呼喊——

目錄

本書付印時的幾句話

作者濫竽《生活》週刊筆政，每週不得不循例執筆寫一篇「小言論」，一週又一週的積起來，轉瞬又成一厚冊了。自恨學識淺陋，且做且學，「小言論」各篇為每週匆促交卷之作，尤屬一時文字，每於後幾時偶爾翻閱前幾時的拙作，輒覺汗顏，不願再看，原不敢再禍梨棗，貽笑宏達，唯本社同事徐伯昕、艾寒松兩先生仍勸彙編第二輯印行，以便讀者，繼念此項拙作既屬本社公物，乃勉從兩君之意，由寒松先生彙集自六卷廿七期至七卷四十五期，即自廿年六月至廿一年十一月間的「小言論」，略加選擇刪除，復經作者略加審閱，再刪去數篇，成此第二輯。於付印的時候，請再贅述數語，以告讀者。

（一）以時事為評論的材料，原有枝枝節節的毛病，但評論所根據之觀察點則不得不有其中心思想以為權衡，故於分歧雜錯的個別問題中，未嘗沒有一貫的中心思想為背景，所謂「仁者見仁，智者見智」，殆亦此意。作者自己和自己作前後的比較，自覺思想上的方向日趨堅定，讀者於前後各文中或亦可以看出一二，為是為非，師友間頗有不同的意見，倘蒙讀者不吝指教，不勝感幸。

（二）自九一八，尤其是一二八以後的拙作，對於抗日救國的文字特多，這是認為民族自救乃目前的要圖，絕無意於提倡狹隘的國家主義。作者相信在現階段內的我國革命，須考量國中的特殊情形，應暫以中國民族為本位；但相信革命的最後目標，是世界各民族平等自由的結合，而絕不是狹隘的民族主義。

韜奮。廿一、十二、七。

哀監察院

人性不甚相遠，並非外國官吏特別好而不敢妄為，我國官吏特別壞而肆無忌憚，其重要樞機乃在社會輿論能否明是非，嚴褒貶；監察機關能否抉弊竇，著實效。日本政府大員犯法後不得不琅璫入獄的新聞，為我們所習見，最近美國前內務總長因受賄而宣判有期徒刑，雖以七八十歲之高齡，多方設法求恕，執法者不為稍動，國政之能上軌道，政府之所以能取信於國民者，即在此是非嚴明，賞罰不苟，也就是所謂法治的精神。我們對於監察院之成立，甚為重視，對於於院長打倒蚊蟲蒼蠅老虎的決心，不勝其同情，也無非希望在實際上能收到這樣的效果。

但是監察院自本年二月二日成立以來，幾及半年，執行懲戒的機關所謂「官吏懲戒委員會」者，至今尚未成立，僅有彈劾而無懲戒，監察院豈不成為「吶喊院」？實際效果云云，徒覺可哀而已！依《彈劾法》雖得同時呈請國民政府免職「為急速救濟之處分」，但近據京訊，彈劾交通部電政司長莊智煥及立法院委員史尚寬的幾位監察委員因提出彈劾案兩月之久，政府並未將莊等免職查辦，特提出質問，有「監察制度幾等虛設」之憤語。又前南京土地局長常鴻鈞以「土地奶奶」一案喧傳一時，雖經監察院調查確鑿，提出彈劾，僅免職而未經懲戒，最近又聞另有新委任，而受彼蹂躪的湘女子鄧成立則被陷受拘未釋。依《彈劾法》第三條規定：「彈劾案之提出……應詳敘事實，附舉證據」，可見經監察院提出的彈劾，已有「事實」和「證據」，不應含糊以不了了之。依《監察院組織法》第六條規定：「彈劾案提出時，由院長另指定監察委員三人審查，經多數認為應付懲戒時，監察院應即彈劾移付懲戒」，可見經監察院移付懲戒時，已經過「審查」，不應含糊以不了了之。即政府認監察院的彈劾不對，應該還他一個是或非，若延擱不理或含糊了事，使蚊蟲蒼蠅老虎視監察院如無物，分道揚鑣，各盡能事，使老百姓只覺監察院不過等於「吶喊院」，實深惋惜，我們以為監察委員諸君應以去就力爭，務使名實相符，勿讓那班蚊蟲蒼蠅老虎在旁竊笑。

國人應奮起一致對外

「日本國土極小，人煙本已患稠密，但據一九三〇年統計，其本部人口為六千四百四十四萬七千，合朝鮮、臺灣、庫頁共為九千零四十萬零四千人，較一九二五年增加六百九十四萬五千餘人，每年約增百餘萬人，自更感人滿為患，不得不向外移民。然而極目宇內，東方已有美國移民律之頒布，南方又高懸澳洲為白人之澳洲之口號，其唯一之出路，自為北向太平洋上之中國……日本雖因歐戰而國力激增，一躍而入於近世工業國家，但其國得天獨薄，原料極感缺乏，鐵與煤之缺少，尤為其致命傷，為拯其國脈，對於原料之攘奪，自不遺餘力。然而環顧世界，既不能伸其鐵蹄以入美，又無法揚其魔掌襲歐，獨太平洋上地廣物博之中國，隔處最近，又怯懦可欺，故決定大陸政策，積極向我國東北部挺進。」以上為吾友陳彬龢君〈太平洋國際學會之回顧與前瞻〉一文中語。對於日本侵略我國之背景，可謂瞭如指掌，其來勢如此之凶狠與猛進，實具有攘奪之決心，我國全國上下如再醉生夢死，則先亡東北，繼以本部，民族浩劫，難免慘禍。但日本何以有所畏於「美國移民律」，有所畏於「澳洲為白人之澳洲之口號」？何以「不能伸其鐵蹄以入美」，「又無法揚其魔掌襲歐」，而獨無所畏於中國？則我們苟能全國奮起一致對外，在此生死關頭，勿再作國內無謂之爭奪，萬眾一心，同赴國難，認定對象，充實國力，國防即一時難於周備，而眾志成城，可寒賊膽，民族慘禍，必可獲免，亦可無疑，是在中國人好自為之。

東北長春附近之萬寶山固明明為中國領土，最近朝鮮農民二百餘人移住該地，強掘水田，日軍警用武力壓迫華農，時加槍擊，本月五日旅韓僑胞又慘遭屠殺，國人萬勿視為一隅一時之事，日對我國之有計畫的侵略，其背景已如上述，此次橫蠻與慘酷，實為積極侵略中之小波瀾，國人應奮起一致對外，由一致對外而鞏固國內，由鞏固國內而充實禦外的能力，全國一心，同禦外侮；有無覺悟，全在我們自己；能否救此垂危的國家，亦全在我們自己。

附議〈反對今日之鴉片政策〉

《時事新報》於本月四日及五日登出馬寅初先生的〈反對今日之鴉片政策〉一文，對鴉片公賣作極沉痛的反對，記者認為是近今最最重要的一篇文字。馬先生雖以學者而從政，仍能如此不失其學者所應有的風骨，記者和他雖無一日之雅，於執筆對此文表示附議之際，願先對馬先生表示我至誠的敬意。

他以經濟學者的眼光，列舉煙酒公賣及食鹽官督商銷的已往事實，說明「鴉片公賣之收入不可希冀，其後患將無窮」，說明「徒見貪官奸商朋比為奸，其害不可勝言」。其他關於理直氣壯的精語，尤句句與國民的心理相應，而為黨國當道所應聞而愧怍，力謀懸崖勒馬，勿為民族千萬世的罪人。我現在請撮述其中沉痛語之尤足感人者，與全國國民再三誦之。

「自今日始，凡吸鴉片者，只須向官家繳費便可以自由吸煙……黨國道德之墮落一至於此，夫復何言！」

「主張公賣者以為鴉片收入歸公，政府可以增一財源……堂堂政府豈可與流氓爭利？倘鴉片收入可以歸公，則娼妓賣淫收入亦可以歸公矣……直謂之道德總破產可也。」

「吾言至此，不欲多言，只知遵奉總理拒毒遺訓，對於公賣反對到底，尤望革命同志群起而反對之。不然，革命失其意義，而黨國偉大事業，不免斷送於一二喪心病狂者之手矣。」

馬先生所言可謂針針見血，應為全國國民所「附議」。「販運之輩，目的全在謀利，違法害人，在所不顧，買通官吏，厚相賄賂，以致法令失敗，此年來最顯著之情形也」（亦馬先生文中語），煙販與貪官汙吏之「目的全在謀利，違法害人，在所不顧」，政府正應設法禁止，今乃取而代之，不惜以全民族生命為犧牲，「民生」、「民族」之謂何？捫心自問，何以自解？

熱血民眾的唯一武器

強盜臨門，無理可講，我們應如何奮起自衛，這是全國同胞所應窮思極慮的生死問題。萬寶山的農民非中國國民嗎？但以中國國民在中國領土而受日本軍警之開槍掃射，奇慘極痛而無可如何。旅韓僑胞非中國國民嗎？但以身處鄰邦之無辜僑胞，曳至街中屠殺，奇慘極痛而無可如何。誰無父母妻子？誰無兄弟戚友？慘呼哀號，錐心泣血，固為尚未身臨其境的同胞所即能感覺，但若再不奮起拯救，實為國家既亡或實等於亡的個個人民所必難逃避的榜樣，日本最近增兵朝鮮，金谷參謀長解釋理由，公然說「現在日本國防作戰，以大陸作戰為其基幹，故應於一朝有事之際，能迅速輸送有力軍隊於滿蒙方面，以制先機」；同時在東省設置一常駐師團，分駐於瀋陽長春各要隘。我們為民族生存計，不得不奮起拯救此垂危的國家；時機急迫至此，尤不得不急速奮起拯救此垂危的國家。

具體方策如何？根本方面，誠非一朝一夕所能急就，他人之謀我，處心積慮亦非一日，全國上下睹此慘狀，應痛悔過去數年國內自相爭奪，徒傷元氣，不顧國防，作極沉痛的懺悔，從此全國團結一致，積極努力於安內禦外的工作。在救急方面，宜全國同仇敵愾，與致我民族於死地者斷然抵制其貨物。最近有西北友人來滬，據說日本廠家最怕我國國民抵制日貨，即屬「五分鐘熱度」，五年中有兩次，生意即完全白做。我國目前既無兵力使橫暴者即感切膚之痛，政府外交另是一事，在熱血民眾方面的唯一武器，舍此莫由。甘地所領導的抗英運動，抵制英貨亦其一端。國人到此拚命時期，除拚命外別無出路。

忸怩作態何為?

我國萬寶山農民之被日警開槍射擊，及旅韓僑胞之慘遭屠殺，隨手拈來的事實，都為日本有計畫的積極侵略之表現的鐵證：（一）韓人利用漢奸郝永德，假托華人名義，矇租長春縣屬萬寶山窪地挖溝種稻，未經縣政府批准，即攜帶農具手槍彈藥等前來強行工作，已屬違法，從事農業而帶手槍彈藥，其意何居，已可概見；況據長春縣與田代日領事會同調查之結果，除租地之外，所挖水道長約二十餘里，確係強占未經合意租得的民地，毀壞良田四百餘畝，又因築壩引伊通河水灌溉稻田，河流兩旁低下民田勢將被侵，範圍尤廣。我國農民因無端生計受此壓迫，群起自衛，理所當然，韓人代表申永均等對長春縣稱「係受日人命令來此種稻」，並有情願停止工作之表示，日方竟派警藉口保護，勒令韓人繼續工作，可見韓人不過供作傀儡，有意發難者實為日本當局；（二）韓亡於日，警備極嚴，聚眾數十人猶不可能，此次在平壤、仁川等處聚數千人作長時間的暴動，雖經我方領事根據事前傳聞向日方告警，彼毫不注意，事變中仍袖手旁觀，誰為主動，不言而喻。（三）我們更看到田中於昭和二年（即民國十六年）上日皇奏章中語，愈明瞭此次事變的來源和未來國難的嚴重，那裡面尤可注意的有這幾句話：「朝鮮民移住東三省之眾，可為母國（指日本）開拓滿蒙處女地以便母國民進取……一面利用有歸化支那國籍之鮮民，盛為收買滿蒙水田地，而另由各地之信用合作或銀行或東拓會社，或滿鐵公司，通融彼等有支那籍之鮮民以資金，而作我經濟侵入之司令塔也……在滿蒙之朝鮮人如擴張至二百五十萬人以上者，待有事之秋，則以朝鮮民為原子，而作軍事活動，更藉取締為名，而援助其行動……」

明明勒令韓人壓迫我國農民，奪其生計，不惜以機關槍掃射而強奪，而猶忸怩作態曰「起因於壓迫滿洲鮮人！」明明發蹤指使其統治下的韓民殘殺鄰邦的無辜外僑，而猶忸怩作態曰：「日本政府對於今次事件，並無國際公法上之責任！」壓迫究作何解？公法究作何解？要做強盜就做強盜罷了，忸怩作態何為？

全民族的生死關頭

萬寶山及朝鮮排華慘案實為日本積極侵略中國的一部分表現，我們中國人欲自保其民族的生存，不可僅視為一時一地的事情，當對日本有組織的有計畫的狠鷙野心，作徹底的認識，關於此點，本刊於上期已根據事實，痛切言之，我們以為國人對此點非有徹底的認識，則精神懈怠，心理淡漠，仍難有團結一致對外的效果。也許還有人以為此事僅於滿蒙有特殊危險，其他部分也許可以倖免，則請試聽田中義一在對滿蒙積極政策中所謂：「將來欲征服世界，必須征服支那；欲征服支那，必先征服滿蒙……使世界知東亞為我國之東亞，永不敢向我侵略。此乃明治大帝之遺策，是亦即我日本帝國之存立上必要之事也。」日本之能否「征服世界」，非我們所知道，但「征服滿蒙」為「征服支那」的第一步，則田中固已明目張膽言之，故我們如不能拯救滿蒙，即不能拯救中華民族；不能拯救東北的三千萬同胞，即不能拯救全民族的四萬萬同胞！我們切不可再醉生夢死了，應視此為全民族的生死關頭。

上海特別區市民聯合會通電徵求對日經濟絕交方案，最後有幾句異常懇切的話：「全國同胞商界，觸目驚心，尤應激發天良，自動抵制。語云：『毒蛇在手，壯士斷腕』，不惜本人有限之犧牲，即為子孫留永久之生命」，我們尤當切記最後一語。誰無子孫？試想像倘若自己子孫不免為亡國奴隸，箠楚慘殺蹂躪，一任他國亡我者之稱心快意，莫敢誰何，其慘象為何如，則今日有何私人權利不可犧牲？豈特「有限之犧牲」，即無限之犧牲，亦當赴湯蹈火，義無反顧。

不僅未來子孫的慘象為可悲痛而已，及吾之身，或亦難免，倘若不信，今日處於日本嚴威之下的東北同胞，即為現成榜樣。日本警察以公正嚴密號稱於世，但在南滿路沿線之日警對於中國人民之氣焰與苛暴，身受者除飲泣吞聲外，無可伸雪。至於濟案與韓案之慘殺，奇慘極痛，尤為國人所不能忘。

再論熱血民眾的唯一武器

我們一方面要有徹底的覺悟，一方面尤須有積極工作的勇猛實施，因為拯救民族是要靠實際的工作，不是僅靠感情上的興奮所能有效的。實際工作不外根本和救急兩方面。在根本方面，我們當知日本的維新亦費了五六十年的工夫，即謀我滿蒙亦費了二十多年的經營，我們急起直追，時間上倘十分努力也許可以略為縮短，但非下一番根本工夫不可，則斷然無疑。從根本方面著想，我們以為全國上下應有深切而沉痛的懺悔，從此團結一致，盡心力於健全民族的體格，喚起民族的精神，發展民族的經濟，下十年生聚教訓的切實工夫。在救急方面，除嚴厲督促外交當局外，在民眾方面只有一條路走，就是抵制日貨。此事自上海反日援僑委員會主持以來，已有雷厲風行之勢。唯有人對此事仍不免有所懷疑，故記者特撮舉要點略加解釋如下：（一）或鑑於已往有人利用抵制日貨之名而收私人發財之實，便覺心灰意冷，不知此乃辦法之未善，監督之未嚴，與抵制本身無關；（二）或鑑於已往抵制之效力無幾，認為多此一舉，則當知效果視實行之程度何若，「五分鐘熱度」固無多大效果，但零點熱度的效果怎樣？日本對世界為入超國，唯對中國為出超國，我們是他的大主顧，苟能作有組織的抵制，必有效果無疑。印度雖在廿歐協定裡答應不抵制英貨，但以民族尚未自主，最近甘地仍在那裡主持抵制外貨（不專言英貨，因避《協定》規條），自本年一月至四月底的短期中，僅英棉布一項較去年同時期少進三萬三千八百四十五萬方碼，印度土布大興，非效果而何？故抵制日貨不但有消極的反抗作用，並含有提倡國貨和鼓勵本國生產的積極作用。

女性從寬錄取

上海郵務管理局最近招考郵務員，事前曾接到交通部訓令，大意謂「近來各地女子受有高深教育者甚多，郵局事務之適於女性工作者亦復不少，而於儲匯事務，尤屬相宜，此次招考郵務員，為提倡女子職業起見，對於女性之投考者，應予從寬錄取，以示鼓勵」云云。國民黨政綱第十二條規定「於法律上，經濟上，教育上，社會上，確認男女平等之原則，助長女權之發展」，黨綱所載在「確認」、「平等」，我們對於「男女平等之原則」，也是向來提倡的，但特對於女性從寬錄取，則對於男性之不得從寬，意在言中，一寬一不寬，是否「平等」，應為略有常識者所明瞭，而煌煌然見於部令，誠可詫異。上海郵務工會對此事呈文痛駁，謂「既云考試，自當不分性別，以學識為標準，何得優此劣彼，有背平等之旨？且細繹令文，始則曰女子受有高等教育者頗多，繼又曰女性應從寬錄取……果受高等教育，中選自必易事，何必從寬錄取？……知之者謂為提倡女子職業，毀之者謂為輕薄女性，實為鈞部所不取」，可謂並剪哀梨，直截爽快。報載該局祕書楊克天氏仍曲為強解，謂「以愚意猜想，則所謂寬待女性者，實係檢驗體格從寬錄取，以女子先天不足，其身體之強健本不及男子，故有此令，以補女子之短，衡以平等原則，似無不合」。愚意如職務上無須注重「強健」，則男性中未嘗無「先天不足」者，「衡以平等原則」，獨令向隅，似有不合；如職務上需要注重「強健」，則對「先天不足」之女子強誘工作，縮其生命，未免殘忍！

我記得去年美國有人主張優待女性，在刑法上廢去女性的死刑，有幾位女權運動的領袖女士們出來反對，說死刑應廢與否是另一問題，但男子的死刑未廢，女子不願獨廢，以示平等。這簡直是爭得死刑，一時傳為美談，但她們對於「男女平等之原則」如此認真努力，卻也可佩。報載有葉沁素女士此次也參加郵務員考試，對人說「男女既是平等，當然要同等待遇。我們女性是不希罕他們『從寬錄取』的！郵政當局要從寬錄取女性，是輕視我們，非優待我們」，可見我國女同胞的思想並不遜於美國女權運動的領袖，交通當局的大人先生們對之有愧多了。

南開培植寒士的新事業

我們對於教育的主張，以為在根本上，須將不適合於中國的現有的教育制度根本改造（本刊第五卷第三十期〈現有教育制度的罪惡〉一文及同卷第三十一期〈教育革命的徹底主張〉一文略具端倪），在此根本改造未實現以前，欲求得徹底的普遍的功效，是不可能的。但無論何事，都有治本治標兩途，且在實行方面說，只得就各人所處的地位及可能範圍內努力。所以我們一方面主張非根本改造得不到徹底的普遍的功效，一方面對於各就地位及可能範圍內為社會福利作得寸進寸的努力，也願表示同情。我們對於吳達銓先生最近在南開大學所發起的以培植寒士為宗旨的「特種獎學金」，便用這個的態度看去而樂觀厥成（已決於本年暑假後實行）。

南開大學曾在本刊本卷第三十期上面登有徵募此項獎學金及招考此項學生的啟事，其內容可參看，茲不贅述。此項獎學金發起人吳先生並以詳章見寄，囑記者貢其管見。我細閱一遍，對於他的提攜後進和鼓勵寒士求學的熱誠，敬致欽佩，唯對於第十五條「凡領受本獎學金者，對於其捐款者須執弟子之禮」，認為寓意雖善，而頗疑於師弟的結合，除經濟關係外，似尚有道德學問的關係。必其道德學問之足以令我心悅誠服而為我所願師者，始有師弟感情之可言，否則貌合神離，無補實際。故愚意以為學校盡可介紹受獎者與捐款者相見，使得互相認識，或進而互通情愫，為師為友，聽其聲應氣求的自然結果，似比強為師弟者為合理。

什麼「幸福之連索」！

這幾天不知發作了什麼病態心理，「幸福之連索」的信竟鬧得滿國風雨——不僅滿城風雨——說什麼在二十四小時內即須抄錄九份寄與心中欲望其得到幸福之好友九人，照做便有二萬萬四千萬美國金洋錢大財的希望，否則便有房屋坍倒兒子死掉的危險！大家竟盲從著大抄特抄，大寄特寄，一般民智程度之大糟而特糕，於此可見一斑，這是最可傷心的一點。記者每天坐在寫字桌旁，一面把無數的「幸福之連索」葬送字紙簍裡，一面常念及此點，覺得異常的難過。

但是這種大抄大寄的行為雖屬毫無意義，僅就「幸福之連索」五個字的原義想，卻也令人發生不少的感觸。《北平晨報》有位記者自署「老太婆」，說了幾句很有意思的話，她說：「據老太婆老眼所見，自入民國以來，中國社會便有幾種連索直到現在仍然連續不斷。第一個是『戰事之連索』，從民國元年打起，一直打到現在。以前是每隔三年兩年打一回，現在是一年一回……第二個是『兵匪之連索』，自民國二年鬧蒙匪，三年以後鬧白狼，鬧老洋人，鬧孫美瑤，再往後便兵兵匪匪，匪匪兵兵……第三個是『荒災之連索』，這十幾年不是鬧水，就是鬧旱……今天救難民，明天救難民，難民是越救越多！」這幾種「連索」纏在我們老百姓脖子上，已不知死所，老太婆還忘卻一種很重要而永不能忘的「國恥之連索」，「五九」之後有「五卅」，「五卅」之後有「五三」，最近又有萬寶山和朝鮮慘案。

這種種「內憂之連索」和「外患之連索」所以層出不窮，因為我們缺乏「民心之連索」。一人的事情可以獨往獨來，一國的事情非有「民心之連索」不可。最近有日本報上登著上海去的專電，標題是「上海排日運動不振」，內容說「上海排日運動，因蔣介石不合法之排日警告，與反日會及市商會不一致之氣勢，頓呈停頓」，這是他們正在那裡處心積慮切盼我們「民心之連索」解散。

我們無論對內對外，都須積極養成「民心之連索」而力避民心連索之解散。

人見絹枝逝世

日本軍閥及政客對於我國之侵略野心，為我們不共戴天之深仇，但我們對於同文同種不懷帝國主義之日本平民，對於他們在不侵犯鄰邦的範圍內為本國增光榮對世界有貢獻的事業，也願表示其同情，我們以此為觀察點，對於日本第一女運動家曾握世界運動紀錄的人見絹枝女士之最近逝世，願致其深摯的悼惜。

人見女士現年才二十五歲，當她在岡山高等女學肄業時，即於日本女子陸上運動界漸露頭角，卒業後入京都二階堂女子體育學校，卒業該校後，即入大阪《每日新聞》為女記者，同時以其體格之強，鍛鍊之勇，研究之力，遂由日本的選手，一躍而為世界的選手，代表日本參加世界女子運動大會者三次。第一次和第二次她一人代表日本，去年九月間參加第三次世界女子運動大會時，她已培成五個同伴加入。女士所造成的日本紀錄十六種，世界紀錄四種。她不但是提倡日本女子體育向上的明星，且為發揚她的祖國光榮於世界的一位女運動家。聽說女士對忠於職務的觀念亦非常強固，每做一事，負責到底，則女士不但是一位模範的運動家，其服務道德，亦有足多者。乃以患肋膜炎症，醫藥無效，於本月二日在大阪醫大病院逝世，不但日本運動界為之震悼，各國運動界皆為惋惜。

或以女士年才二十五歲，早死可惜，此固各方與有同感，但人生的價值，在生存時期內有相當的貢獻，既有強健的體格，服務的精神，和特殊的貢獻，不能延展其有為的時期，固可痛惜，但若終年與藥爐為伍，苟延殘喘，或因怠惰因循糊塗而湮沒其天賦的能力，則雖老而不死，長壽何益？

天災人禍

據說石友三的總參議兼教導師師長程希賢於本月六日由魯北到濟南，與各要人晤見時，滿口道歉，有「對不起，對不起，又胡來了一陣」之語。這幾年來，我國對外可謂絕對沒有實力保護本國的國民和僑民，不然萬寶山的農民何至白白地被別國軍警隨意用機關槍掃射？朝鮮的華僑又何至白白地整百整千的被人隨意殺害？但對外儈頭到極點，在內的武人們卻興高采烈的「胡來了一陣」又一陣，反正「胡來」之後，成則可以大搜大刮，敗則可以通電下野，此意不僅指石氏一人而言，凡不顧國勢衰微與民生困苦都已到了極點，而以「又胡來了一陣」為快意的，都是國民的公敵，中國的罪人。

天災是從天而降的，似與人禍不甚相關，但天災是可以藉人力以減殺它的暴虐，或預防它的猖狂的，因人禍之相連，無暇建設，天災乃得愈肆其狂暴。例如日本之大地震，固為大災，但自八年前大地震之後，現在已有鋼鐵造的防震房屋，且在地震學上有預知地震的特殊發明，建設的人力未嘗不可積極防禦天災。水災之防禦，應較地震為尤易，苟平日能積極造林，藉以調節雨量，實施水利工程，藉以疏導河流，不僅可以預防天災，且可有利農務，此種根本之圖，無非因「胡來了一陣」又一陣之繼續不斷的人禍而致毫無著手的希望。

據賑務委員會委員長許世英氏最近的電呈，南北各省洪水為災，綜計災區十有六省，災民在五千萬以上。遍讀各處乞賑通電，最慘之語，有「老弱待斃以呻吟，婦孺聲嘶而泣血」；最切之語，有「省一席宴客之資，即救災區一家之命；移一日煙酒所費，亦可延饑民一日之生」。我們睹此慘狀，一面固憤慨於人禍之作俑，以為此後應注意於根本之救濟；一面禍既臨頭，願喚起幸而未入災境的國人之同情心，披髮攖冠，劍及履及，各節其衣食日用之資（尤其是奢侈費），共負拯飢援溺之責，尤當念大難當前，危機四伏，救人即所以救己，安國即所以保身。

甘地又來了

甘地實在是世界上一個極可敬而又極有趣的人物。記者屢次在本刊上談起他，尤時常注意關於他的新事實，因為深信中國誠欲從萬丈深淵中自拔出來，以救國家為己任者，必須具有甘地的犧牲自我堅苦卓絕的人格和精神。

將赴英倫參加圓桌會議的甘地已定好三等艙，行裝極簡單，聽說僅攜帶一塊裹腰土布，兩隻山羊，一架手紡機。他平日只吃羊乳蔬果，故把山羊帶去，英國輪船准乘客帶山羊隨身，此次是破天荒的事情。同行各代表亦一律定三等艙。至於到英後的宿所，英政府已向甘地徵求意見，他表示不願受英政府的招待，擬在倫敦覓一印度人經營的小旅館做宿所。他心目中只有印度民族的自由，印度民族的榮譽，直不知自有其身，當然更不知自有其個人的享用或闊綽。我們看到這種事實，只有愈覺得甘地人格和精神的偉大。我們之崇敬甘地犧牲的精神，絕非主張所謂禁慾主義，注重之點乃在大多數同胞方在水深火熱之中，以救國為己任的黨人以及公僕，應與民同甘苦，不應先自作非分的享用。例如上海市平民區的平民房屋，平均有百圓左右造費的屋子可住一家——五萬圓可造五百間這種屋子——每月每家租費二圓。而闊人的洋房卻以一擲四五十萬圓為常事，是無異以一人而占據了二三萬平民的屋子，而猶恬然自居於宣勞黨國之列，能毋愧死！

據新自遊俄回國的谷冰君所述，俄國官吏沒有一人有私人的汽車，每頓吃的不過兩塊麵包和一杯紅茶，住房子也依實際需要受限制，不能隨便占住超過需要的大廈，月俸沒有超過三百六十盧布的，官吏的夫人小姐們是絕對沒有裝飾的，因為沒有閒錢給他們眷屬買裝飾品。官不許富，然後民可救窮；必須自甘儉苦，然後才說得到廉潔，否則只有口上仁義而心裡盜賊。

浸在水中的數萬民眾

我國此次水災，難民達五千萬人以上，漢口形勢尤為慘酷，截至記者執筆時，漢口來訊，長江水標已突破五十三英尺，數萬災民所視為唯一避難而蟻集的鐵道線路，亦已沒於水底，已絕對無可避難之處，婦孺老幼皆浸在水中，苦飢與水，一片哀號痛哭之聲，慘不忍聞，驚心動魄，何以逾此！我國大川以長江黃河為最，此次長江流域，受禍尤劇，雖屬天災，但江道上游，久未疏濬，遂致泥沙淤塞，河床漸高，一遇較久時間的大雨，即行暴漲，如能於平時開鑿疏濬，俾得暢流無阻，何至遽成慘禍？又此次長江及其支流泛濫奔騰，大小各堤潰決者以數百計，如能於平時有較精密的工程及隨時修葺的切實工夫，使防禦力量鞏固，亦何至臨時陸續潰決，無以為計？此種人事與天災的因果關係，應給國人以重大的教訓。華洋義賑會美人謂「今年災情雖非受軍事直接影響，然連年若無內戰，則僅以軍費十分之一供防災設備，即遇天災，亦不致如此無可措手」，誠慨乎言之，我們於哀痛遭難同胞之餘，追源禍始，實不免發生無限的感慨。

監察院長於右任氏最近在國府紀念週中報告水災與政府之責任。謂「從來天然災變，固有為人力所不可抗，而事前的預防，臨事的處置，事後的救濟，這總在乎人事的盡不盡」，政府能見及此，可謂尚知責任。我們所希望者，須速定通盤籌算的積極計畫，計畫既定之後，須以迅速敏銳的精神措之實行，因為浸在水中的苦百姓是來不及恭候的！

所謂通盤籌算者，此次巨災絕非枝枝節節的方策所能有效，政府宜聯合全國各賑濟機關及有經驗於賑災工作的專門人材，定分工合作的具體辦法，避免重複及顢頇的弊病，庶能於統一支配中收得最大的功效。所謂積極者，於急賑外尤當規定大規模的以工代賑的切實辦法，據美人費吳生所估計，導淮之後，兩岸良田均被其利，絕足以償工款而有餘，是即寓防災工作於工賑之一顯例。

各盡心力

上文所謂「通盤籌算的積極計畫」，非由政府出來主持不可，絕非僅僅私人或私人團體所能為力，國民政府已於本月十四日公布設立國民政府水災救濟委員會，我們鑑於官廳辦事常有開特別慢車的特色，以為這是救命的工作，有刻不容緩之勢，希望不要做法中政會外交組之專做「流會」工夫，使和死屍作伴的水中災民「流」而不能復「會」，這是我們要為無數呼籲無門的災民向諸公呼籲的。

除政府對於此次空前大災須負責拯救外，立於災區以外的國民亦有各盡心力的責任。政府雖已決定發行公債二千萬圓作賑災之用，然以五千萬的災民，即令二千萬圓的賑款果能立籌，兩個半人派到一圓，何濟於事？我們一方面希望政府所籌謀的計畫，不僅以發此有限數量的公債為已盡責，應否利用美國過剩而無銷路的小麥，作長期的借麥商榷，以及以工代賑之另定專款等等，均應深切考慮以謀標與本之兼顧；但一方面凡屬國民人人都應顧念災難中同胞之慘苦而各自量力捐助，以求其心之所安。即以上海一隅而言，人口近三百萬，倘每人肯自動捐助一圓乃至數角，即有二三百萬圓，如更有團體及個人能多助，則咄嗟數百萬乃至千萬不難立致，一埠如此，他埠隨之，不計多寡，但各盡力，有如總動員，其有裨於災區者必大。本刊及同事雖自慚力薄，但亦勉效涓滴，送交急賑會，滄海一粟，自知可哂，但痛念災難中同胞之慘狀哀音，亦聊行其心之所安而已。我們願提倡各團體各個人各盡心力，集腋成裘，為數亦巨。勿令有一團體有一個人觀望，如有個人能力過微，亦可合若干同事或若干友人湊成一數，各盡心力，救此慘難。

自動賑災之踴躍

我國此次水災為禍之慘酷，為百年來所僅見，災區所展，約占一百五十萬方里，災民總計，不下一萬萬人，其中生命處於最危險境域者，約三千萬人，尤危迫待救者約一千萬人。在災難中之生死掙扎，為民族之慘象；在災難後之安置生存，關全國之安危。故國民對此次災難而猶淡然漠視，袖手旁觀者，其心目中實無民族與國家，而能各盡心力以盡瘁於拯救者，即所以救我民族，救我國家。民族衰微，個人何所附麗？國家混亂，國民何所逃避？明乎此，則此次賑災所含的意義實異常嚴重，與尋常慈善事業絕不能相提並論。故我們視政府對於此次救災工作的認真與奮邁的程度，可以測知政府為國為民的真意如何；視國民對此次救災工作的慷慨與踴躍與否，可以測知國民愛護民族衛護國家的精神如何。

就政府方面說，為救災而舉行公債，抽調軍艦，及進行與美國商榷小麥借款等等，已在發動，我們唯望其迅赴事機，切念災民倒懸待解之刻不容緩。就國民方面說，滬上各界近日對於自動賑災之踴躍，更足見中國人心未死，仁俠猶存，在物質方面的數量雖尚有限，在精神方面的警醒尤可注意。所謂精神方面的警醒者，一掃各人但知短視的自私自利，而對公眾安危能作深切的注意與同情。據近日所聞見，不但各團體紛紛自動發起提出職員薪俸若干成作為賑款，即各商店已有實行將所售貨品，或全數充賑，或提成助賑，乃至辛勞艱苦的工友，如最近報界公會所宣示，亦議決每工友一律捐助工資一天，以充急賑，此種急公好義的精神，與愛護同胞的誠意，實至可寶貴，充其範圍，雖謂為國族復興前途的基本條件，亦無不可。個人的堅苦卓絕排除萬難的大無畏的精神，患難中尤足見其真正精神之程度；民族的團結奮鬥排除萬難的大無畏的精神，患難中亦足見其真正精神之程度。我們但望此種團結互助的精神之能擴充，能普遍。

漢難中的日本軍民

我想諸君還記得不久以前（八月十五日事）上海的日本海軍陸戰隊竟敢在中國領土內的黃浦江上，公然以暴力搶掠被反日會查獲的日貨，並逮捕我國檢查員，濫施毆打，其行為之橫暴，手段之卑鄙，實可痛恨，為我中國人民所不能忘。但我們就事論事，對於日本軍士的這樣橫暴卑鄙的行為，固深覺其窮凶極惡，而對於最近日本軍民在漢口災難中之奮鬥精神，尤其是在該處的日本海軍陸戰隊和洪水搏戰至最後一剎那的苦鬥，不能不發生異常深刻的印象。為批評計，我們不妨再把八月十四日最有聲有色的三則電訊述之如下：（一）「今晨一時十五分，日本租界防水壁再瀕於危險。昨夜以來，徹宵警戒之日本僑民及陸戰隊，已非常總動員，竭死力從事防水壁補縫工事，但第一防水線卒被其沖破。」（二）「今晨二時，日本租界三菱碼頭忽然瀕於危殆，濁流奔至，怒濤洶湧，日本陸戰隊員，以人為柱，直立水中，水浸至頭，以體力與奔流奮鬥，至午前四時，始阻水於第二防線，現陸戰隊員，仍藉軍艦平戶照明燈之力，在濁流之中繼續其勇敢之奮鬥。」（三）「大水為災已十七日，繼續苦鬥之日本租界，因長江水量日增，各方面水壓愈甚，浸水愈深……午後一時，軍艦平戶安宅復派陸戰隊登岸，與暴威之濁流，決最後之一戰。」俗語謂「不以人廢言」，我們如「不以人廢事」，則這種勇敢奮鬥至最後一剎那的沉毅精神，應能給與我們以一種興奮劑。或謂日本人雖作殊死戰，漢口日租界亦終為洪水所浸入。我以為無論處於何種艱難的地位，能不畏艱難而勇敢奮鬥至無可奮鬥而後已，這種精神之可貴，殊非一時的成敗所能磨滅。其實我國原有這種精神，所謂「愚公移山」，所謂「鞠躬盡瘁，死而後已」，都是比此更進一層精神的表示，在乎我們之提攜培養而已。

人類同情的流露

據東京新聯社電訊所述：「二十日（八月）突有著泥汙不堪之勞動服一青年，至東京朝日新聞社，出十圓紙幣五張，聲言捐作救濟因大水被災之民國難民之經費。該青年為深川共濟免費宿泊所三十餘名自由勞動者代表中川真一郎，二三日前聞宿所監督道及漢口大水災之慘狀，彼此大為同情，約定減食一次，共貯九圓，並由事務員醵金五圓，合計十四圓，交與山口所長，所長以中川等人每日工銀無幾，尚節食捐款，其俠義心大可敬佩，本人立出十五圓。所長之友人聞之，亦各出五圓十圓，共達五十圓之數，乃由中川代表交朝日社。彼等復商定第二回捐款，九月內每日由工銀提出幾成，以便集腋成裘。」該社記者特為此事親往該所訪問，見「內有十四五名勞動者正在休息，因工作疲勞結果，面皆作暗黑色。彼等撙節捐款，真無異一滴血一滴汗之喻……此消息傳出，在進行有組織的救濟準備之政府，並對華關係者等各方面，均感非常之衝動。」此種「一滴血一滴汗」之五十圓贈賑，雖為數無多，但在至苦中不忘救人，且不忘救異國人，其至誠的精神實非任何數量所能計算，故「事務員」為之感動，「所長」為之感動，「所長之友人」為之感動，「政府」為之感動，乃至「各方面」均為之感動，正合我國所謂「精誠所至，金石為開」，記者深信我國全國同胞聞此尤有更深的感動，尤應自問我們自己對於災難中的同胞是否已各盡其心力而可以問心無愧。

本埠有報販劉一鳴君把他三天賣報的錢連本帶利共大洋一圓小洋四角銅圓二十六枚一併送到急賑會助賑，並附一函，據說「我是一個在青蓮閣賣報的窮人，每天不過賺四五角小洋，除開銷所餘不過一二百文，有時生意不好，還要借印子錢做本錢，實在苦得很，但是拿我來和同遭水災受難的同胞比較，則我又比他們好得多了。我這幾天寢食不安的，時常想拿出錢接濟他們……」這也是實在令人不禁肅然起敬的行為，凡是自審處境均較上述之日本勞動者及本國報販為優的人，而猶不知聞風興起者，大概不是人類中所應有的了。幾占全國四分之一的同胞陷入極悽慘的境域，就靠其餘四分之三的同胞拚命援手，一致努力的拯救他們。

主因

漢口各堤繼續潰決的消息鬧得天翻地覆之後，各處圩堤潰決之聲跟著湊熱鬧。九江籌賑會八月三十日電訊，說「九江南北圩堤，盡數潰決，災情奇重」；同日蕪湖通訊，亦謂「圩堤全決，溺斃災民已達四千餘口」；蘇省江北運河圩堤邵伯、高郵等處亦潰決十餘處，洪水滔滔，死者又以數十百萬聞。颶風狂雨，為勢雖猛，但圩堤原備抵禦之用，乃如此接二連三的潰決，則圩堤之為圩堤，亦可想見。據往高邵實地調查員報告潰決狀況，謂「邵伯破堤前，西北風大作，繼下冰雹，有大駁船經管驛前將傾，船戶以竹篙鉤住該處壩石，詎抽篙時將石拖鬆，潮水湧入遂崩，各口繼決。」以如此重要之圩堤，區區竹篙將石拖松，潮水便得湧入遂崩，則平日工程之因循苟且，實為顯然的事實！壩石且經不起一根竹篙之鉤住，於西北風冰雹何尤？江都縣長陳南軒氏於該縣邵伯決堤後電省政府葉主席自請處分，亦謂「此次事變「年久失修，疏於防範，實為主因」。蘇省府主席葉楚傖氏亦因運堤潰決，專電國府自劾，「懇請嚴重懲處，以儆泄沓」。平時未對「主因」嚴重注意，事後雖紛紛電請處分，於已死的數十百萬的無辜災民何補？中央黨部江蘇同鄉水災救濟會近發表哀告書，謂「沿運河二十五縣人民，每年繳納治運畝捐約百餘萬之巨，初不料脂膏雖入官吏之囊，而性命猶不能保也」，這也是說到「主因」的幾句極沉痛的話。稱為天災，毋寧稱為人災之更為恰當！

談朱子橋先生

記者之開始注意朱子橋先生（即朱慶瀾），在去年他為陝西旱災奔走呼號的時候，對於他的不辭勞瘁為災民請命以及辛勤勘災迅捷放賑之熱心毅力，深覺可敬，後來看到他堅辭監察院監察委員的任命，寧犧牲其精神才力於陝西賑務，始終其事，只知遭難民眾的安寧，不計自己個人的榮利，尤覺佩服。近於友人處探悉，才知道他在民國初年做黑龍江省將軍的時候，黑龍江全省胡匪為之絕跡；後來遷任廣東省長的時候，毅然犧牲大宗賭捐，將賭禁絕，等他去任之後，賭又死灰復燃了。東北胡匪之冥頑，廣東賭博之難禁，都是向來著名的，但有了清廉剛正勇於負責的朱先生來幹他一下，難的也就不難了。法治與人治是要相輔而行的，貪官汙吏遍地皆是，窮奢極欲視為當然，則招牌儘管好看，嘴巴儘管好聽，實際的良好功效還是絕對無望的。

關於陝賑的近況，朱先生最近在滬曾在談話中有所報告，據說「我們去年到陝西時，就各處一看，第見哀鴻遍野，連雞狗什麼都沒有，吃的東西，甚至樹皮草根，亦均完盡，情景之慘，令人心酸。但是到了今年，氣像一變，各地買賣已漸恢復……各處小孩子們玩耍嬉戲，亦均活潑有生氣……幾乎可說已差不多恢復原狀了。」提到上海今春對陝賑所捐的四十餘萬圓，他說除將有正式報告宣布外，並說「此次匯往陝西的捐款，除頭幾次匯款時用去一千八百圓匯費外，以後凡余個人辦的，一些匯費也沒有，其他若公費，川費，以及各種交際費等等都不取之於捐款中，是以凡收入一圓錢的捐款，即有一圓錢放賑到災民身上。」朱先生人格感人，故赴陝勘賑災的人員自奉之刻苦，為常人所難堪，若查良釗先生因救災身陷匪窟，歷盡艱險，仍不灰心，尤為難得。聞最近有趙周南夫人病死，彌留時囑以遺款萬圓交朱先生賑鄂災區一縣。上海天衣電機織綢廠全體工友最近自動捐款四百三十圓，公推代表來訪記者，託本刊親交朱先生（詳情見下期〈信箱〉），人格感動力之偉大有如此者！

現在全國數千萬同胞立待救命，不得不有大規模的賑濟，凡主持賑務機關及效力於賑務者，應切忌糜費，勿忘朱先生所謂「凡收入一圓錢的捐款，即有一圓錢放到災民身上」。

無國力為後盾之華僑

本星期內國外消息之最與我國有急迫關係者，莫過於旅墨僑胞被迫離境之悲劇。我國僑胞在墨西哥之經營商業者頗為發達，以索諾拉省為尤盛，索諾立拉一市華僑所經營的商業占其地商業百分之九十，因此大招墨人的妒嫉，最近竟有群起斥逐華僑離境的暴舉。據駐墨公使熊崇志氏所報告，索諾拉省中國商店現已全數封閉，不准賣產，只許赤手而歸，該省顯明地組織所謂「排華委員會」，各地方長官對排華運動竟予以全力之援助，熊使因此事往見墨總統，竟拒而不見。近數星期華僑在墨境所開各商店被墨當局沒收，或強迫拋棄，損失美金數千萬圓，每日離境華僑數百人，在數千人退出混亂中，有若干人失蹤，其形勢之嚴重與我國僑胞之受人淩辱，絲毫得不到國家的保障，已為極顯明而悽慘的事實。墨人所持理由，則謂當此種經濟衰落之時，墨人多失業，華僑既在墨國占有優勢，致墨人失業者無法消納云云，此而可成理由，則我國經濟未嘗不衰落，失業者未嘗不多，亦大可將各國外僑「斥逐」！美國電訊謂「墨人為經濟競爭，故非將無國力為後盾之華僑排斥出境不可」，「無國力為後盾」實為此事之根本原因，而應為我國全國國民所時刻不可忘的教訓。萬寶山案，朝鮮慘案，一次抗議，二次抗議，三次抗議……議而不能抗，至今毫無影響，又益以墨人的暴行，我國所受的刺激不算少了，不知全國上下能否略把眼光放得遠些看看？

自認為正當之處置

所謂中村事件，據日方宣傳，謂有日本參謀部部員陸軍上尉中村麗太郎於六月上旬由哈爾濱赴興安區旅行，於六月二十七日左右到達洮索鐵路終點葛根廟附近之蘇鄂公旗被害，且斷定為我國駐軍所害。經我國東北負責機關詳查後，認為毫無證據。日本軍人乃氣焰沖天，主張實行武力解決。據東京電訊所傳，「日本陸軍當局決乘此機會，與在鄉軍人提攜，用學校訓練，青年訓練，講演會，電影種種方法，而謀國民國防思想之普及。」滿、蒙為何國的國土？這種地方受人侵略，「謀國民國防思想之普及」者應屬中國才是，而日人卻口口聲聲「國防」，好像是中國人侵略到他們的日本國裡去了！可謂滑天下之大稽。

話雖滑稽，勢卻嚴重，不但日本軍人如此狂妄，據路透社所傳，日本閣議已議決「苟中國方面對從事調查不能迅速表示誠意時，軍事及外交應採一致行動」；所謂「一致行動」，即日陸相在閣議時所倡言之「行自認為正當之處置」，亦即日陸軍部及參謀部所倡言之「使用武力為最後手段」。揣測日人之意，須不必調查而即一一承認實無證據而為有證據，或雖有調查，不管事實如何，亦一一承認實無證據而為有證據，才合於所謂「迅速表示誠意」，所以他們「自認為正當之處置」是無往而不「正當」的！說到這裡，我們想到五三慘案中蔡烈士被日軍慘殺之有憑有據，朝鮮慘案中無辜華僑被日人所指使之韓民慘殺至百餘人之多亦有憑有據，較之中村事件之捕風捉影者何如，但延宕至今，日本表示過什麼「誠意」？

中村事件，就局部言，應不難解決。調查結果如為莫須有，我們當然不能硬打自己的嘴巴；如調查屬實，我們當然根據事實，負起依法辦理的責任。但此事背景之所以複雜，卻在醉翁之意不在酒，在藉題侵略東北，即《大阪每日新聞》所明白記載日陸軍及參謀部「主張乘機鞏固帝國既得權益」。故中國若無「正當之處置」實力，或急速準備此實力，以阻止日本之「自認為正當之處置」，則非到東北完全奉送給日本，一樁「事件」未了，一樁「事件」又來，日人「自認為正當之處置」也將要「正當」到底的。所以我們應從根本上著想。

呼籲和平的實效幾何

講到「應從根本上著想」，一般國民對於當前國事無有不憤慨的。報載吳鐵城氏在北平市整會紀念週演講和平救災運動，謂「現在中國內憂外患，已到歷史上最危險之時期……推究原因，皆由國家不能和平統一所致，最近傳粵方準備出兵湘贛，尤令我們驚駭……在此嚴重危險時期中之中國，大家應有一深切認識，即國家民族的利害，超出一切政治的是非之上，只有如何謀國民之生存，為今日之要圖，政治是非，不是在民族前途岌岌不可終日之時來斤斤辯論的。」這些話在政治立場和吳氏不同的人聽了感覺如何，我們不得而知，但從我們在政治上無所偏袒的老百姓看來，這種話無論出於什麼人的口裡，在此國內災情嚴重，東鄰外交緊迫，國外華僑隨處受人侮辱驅逐殘殺，全國一般國民的普遍心理實在是這幾句話所能代表的。中山先生彌留時，斷斷續續呼著「和平奮鬥救中國」的哀音，應為中山先生忠實信徒所念念不忘的遺訓，中山先生主張以黨治國，其目的在以黨救國，絕非主張以國殉黨，若因鬧黨見而不惜以國家為殉，對於中山先生為罪人，對於全體國民為公敵。

但是和平而徒恃呼籲，實效有幾，實屬疑問。真要達到和平的目的，在政治上宜有澄清吏治的實際決心與行為，以堅國民的信仰；在國民方面應辨別是非，注意督察，認為營私自利而以國家安危為孤注之一擲者，即應毅然從種種方面採用「不合作」主義，務使勢孤力薄，自掘墳墓。必各方面能如此從實際上努力，和平才有希望；否則呼籲和平與和平實現便脫離關係，彼此不相干。

應徹底明瞭國難的真相

關於日本積極侵略中國的陰謀，記者曾於本刊六卷第二十一期〈料理後事〉一文中垂涕哀告，但危機無論如何急迫，事實無論如何顯明，而國內之私爭，政治之黑暗，仍然各顧其私，對於國家民族之滅亡慘禍，熟視無睹，痛心疾首，莫此為甚。

日本之侵略東北，其野心絕不僅在東北，所謂大陸政策，實以全中國為其征服對象，具有五千年文明歷史的中華民族，男女老幼，均為其心目中未來的亡國奴隸，此其意旨，在日本並不諱言，實久已明目張膽形諸文字與宣傳。田中義一就老實承認：「欲征服支那，必先征服滿蒙……使世界知東亞為我國（指日本）之東亞，永不敢向我侵略……」征服滿蒙既為征服支那之先驅，支那倘無準備自保之方策與決心，則支那當然隨滿蒙之亡而俱亡。英國有海軍將官華德氏著《海軍與各國》一書，亦說明日本以海軍控制中國的政策，以遼東半島控制華北，以駐軍長江上下游控制華中，以臺灣琉球控制華南，其策略實以吞噬中國全部以完成其大陸政策為目標。

日人所宣布者如彼，西人所觀察者如此，而事實上所表現者又為鐵一般的證明，則今日日本在東北無端占我土地，焚我官署兵營，解我軍械，逮捕我官吏，慘殺我無辜，凡此種種亡國奴所受之至慘極痛的悲劇，若我們無徹底覺悟與堅決奮鬥的抗禦，則為我們人人及身所必須遭遇，妻女任人姦淫擄掠，自身任人奴役蹂躪，子子孫孫陷入非人的地獄深淵，皆非意想而為可能的事實！據哈爾濱電訊所述，十九日長春傅營長陣亡，全家老幼十七口均遇害，五歲的一個兒子也被破腹慘死。此為何種慘象！此種獸性獸行，今日施之於東北者，他日即可施之於中國全部。故全國同胞對此國難，人人應視為與己身有切膚之痛，以決死的精神，團結起來作積極的掙扎與苦鬥。在民眾方面在實際上所能致力者何在？請於次節略貢管見。

唯一可能的民眾實力

日本對我國敢毅然下此毒手，重要原因在於我國數年來政治之沒有辦法，中山先生雖遺下三民主義，實業計畫，但實施上的設施，有什麼成績合於中山先生的遺教？政治上倘無切實的通盤籌劃的辦法，對外實無從說起。在我們手無政權又無軍權的民眾，對此暴日，所僅有的唯一的可以使仇敵感覺痛苦的，只有徹底的堅決的經濟絕交的辦法。中國倡言抵制日貨已有過八次，而並無多大的效果，也許有人竟視此事為迂闊而無裨實際，其實非抵制日貨之無多大的效果，實不徹底不堅決的抵制所致的泡影。印度之抵制英貨，給英國以重大的打擊，《歐甘協定》中乃特列專條，言明實行協定之後，印人不得抵制英貨，倘若此事無實效，英國何必如此驚惶而列入千辛萬苦得到的《歐甘協定》？愛爾蘭反抗英國要求獨立，抵制英貨亦為得到勝利的一個重要因素，現在愛爾蘭不過成為自由邦，尚未得到獨立地位，至今尚在抵制英貨。這都是徹底的堅決的抵制仇貨而得到結果的確切事實，不是空口說白話的理論。日貨進口到我國來，吮吸我們脂膏而去的，僅就棉布一項而論，一年已達二萬萬圓，在我國國內所設的日本廠所產的棉布棉紗，每年亦達二萬萬圓。僅就此兩項而言，每年吮吸我們的脂膏即達四萬萬圓，等於我們全國的人口，其他海味等等尚不計。老實說，歐美人不願做日人的顧客，日本的工商就全靠我們的惠顧，只要我們全國能拚命的實行徹底的堅決的抵制，在短期內他們即感到痛苦。我們亡國滅種之禍已在眉睫，死而有益於同胞，猶不惜一死，僅僅不穿日貨，不吃日貨，不用日貨，並不至即死，仇敵雖強，無法強我必買，赤手民眾所僅有的實力而猶放棄，則奴性已成，更有何望？

一致的嚴厲監督

一般民眾在對外方面，制敵的唯一武器，只有用極沉痛的精神，實行徹底的堅決的經濟絕交，已如上節所述。此事必須人人徹底，人人堅決，始能有效；否則便與救國家救民族沒有關係。其次請述一般民眾對內應有的一致態度。

照理說，直接負抵禦外侮責任的人原應屬於握有政權軍權的人。但現在這一班人把國事弄得悲慘到了這樣的田地，主持政務的人除了叫老百姓作盲目的鎮靜以恭候暴敵來侮辱外，主持軍務的人除了高呼無抵抗——無辦法的繼續不斷的無抵抗——以恭候暴敵任意疾驅直入掠殺奇慘外，沒有聽見有什麼有效的辦法！關於這方面的問題，應由政治家和軍事家拿出良心來作徹底的研究和迅速的補救，記者現在所要說的，是一般民眾對內在此緊急時期所尤須堅持的態度。這個態度便是督促全國上下一致團結對外。無論何人，無論何派，到了這個危急存亡的時候，如再圖私利，鬧私見，而有妨礙一致團結對外的舉動，我們全體國民應群起反抗。以我們手無政權又無軍權的一般民眾，要收到反抗的實效，唯有採用不合作主義。軍官不用命，商人不借款，鐵路不開車，輪船不啟碇，學界團結起來做反對之演講宣傳，言論界奮發起來作嚴正的責備；各抱堅決的意志，雖刀鋸鼎鑊，甘之如飴，如此固死；亡國亦死：共同以不怕死的精神，不合作的武器，作一致的嚴厲監督。只須能萬眾一心，什麼壞蛋都孤掌難鳴，抱頭鼠竄而逃。倘對外不能作徹底的堅決的經濟絕交，對內不能抱定團結一致對外的精神，作一致的嚴厲監督，這樣的民族便失卻生存於世界上的資格了。故我們對此兩端，須各就地位各就能力作積極之提倡與宣傳。

對全國學生貢獻的一點意見

自暴日殘害我國的事實發生以後，全國憤慨，而尤以富於感情激於熱血的全國青年學生，悲憤填膺，哀痛欲絕，人人有為國效死之意志，而茫然不知所以自效之方法。記者承男女各校學生諸君或以快函或約面晤而研究此事者，紛至沓來。記者日夜徬徨，悲痛國事之悽慘，而回視這許多高尚純潔為國家將來於城的青年，輒於熱淚盈眶中寄其一線希望。記者不自揣譾陋，敬貢幾點愚見如下，聊備參考：（一）各校學生速組織抗日救國會，推舉幹事，與各校聯絡組一總會，議定分工合作的計畫與程序。（二）擇定一日，全滬學生（外埠亦可各處集合全體學生）以極哀痛嚴肅的態度，聚在一個相當場所，全體俯首靜默虔誠為國難誌哀，誌哀後全體舉手宣誓對外必實行徹底的堅決的經濟絕交，絕對不再用日貨，並盡心隨時隨處勸家族勸他人下同一決心。如此大規模的悲壯舉動，對振作意志及喚醒民氣為效殊大。（三）零星散漫的出外演講，印象不深，不如擇定一日，全滬學生作總動員，出外宣傳，由總會規定分區擔任的辦法，推選善於演講者開口，不善演講者亦當共出維持秩序及襄助一切。（四）無緊張工作而徒增惰性的罷課，我不贊成。（五）勿消極，即有決死之心，亦可等到最後需要加入戰線時臨危授命。（六）救國的基本工作絕非朝夕間所能急致，除上述的目前的緊急工作外，青年諸君應以極沉痛的精神與決心，力求實學，鍛鍊體格，養成純潔人格，注意國事及敵國情形之研究，為國家增加有人格有實學有健全體格有遠大眼光的人才，即為國家增加基本的實力。

除自救外無辦法

國際聯盟為帝國主義的列強所把持，無弱小民族伸冤之餘地，早為彰明較著的事實，而我國上下一若全以國聯消息為欣喜悲哀之樞機者，不求自救而但以倚賴他人為唯一希望，此種劣根性即民族之致命傷！

我們看到國聯第一次通知中日兩國的通告，有「使兩國立即撤兵，並使兩國人民之生命財產不受妨害」的話。以日兵侵入中國的國土，屠殺中國的人民，掠奪中國的財產，而謂須「兩國立即撤兵」，須「使兩國人民之生命財產不受妨害」，這是什麼話！但是我國人聽了，懷著滿腔的熱望！到廿七日國聯有屈服於日的消息，議長勒樂宣言對日諜所稱「日政府極欲保障中日間之和平解決」，「為之欣幸」，英國總代表薛西爾聲稱「贊同芳澤大使之言，解決滿洲爭執之責任在中日兩國」，於是我國人又覺嗒然若喪。廿八日電訊傳來，謂國聯理事會將展一星期，俟日軍全退後閉會，國人又為之一慰。仰人鼻息，隨人喜怒，而毫無自救辦法，試看日人占遼吉後，即以兵力強行趕築吉會鐵路，以充實其吞滅我國的步驟，即蹂躪我國的暴軍暫行撤退，而實權攫去淨盡，於實際的解決有何把握？

老實說，國際間向來就只有利害的關係而絕無公理之可言，英國在大戰前聯法抵德，在

除自救外無辦法

大戰後又聯德抵法，波譎雲詭，一以自身利害為前提，即其一例。故外交形勢雖非不可利用，但自己毫無自救的努力而以倚賴外援為僥倖，絕無希望可言。利用外交形勢而拯其祖國於危難者，德之史特萊斯曼為最近之顯例，但非所語於但知因循苟且毫無眼光的外交當局。

自救之準備

此次日軍暴行，各國輿論大都不直其所為，俄德輿論尤為激烈，蘇俄之《太平洋星報》直斥為「何異於白晝行劫」；德國之《前進報》亦謂「日本竟有此強盜行為，殊覺奇異」；但我們要徹底明白，他國輿論之痛斥日軍暴行為強盜是一事，我國懦弱無能，毫無禦暴能力之可恥又是一事。他人之痛斥強盜，未必同時即為敬我懦弱無能之表示。故我們應沉痛知道自己之可恥，而作努力自救之準備。我們目前固切齒痛恨暴日在東北之橫行，但他們處心積慮侵略東北，在實際上做準備工夫者近三十年，我們在此三十年中曾經有何自救的準備？到了強盜升堂入室，白刃加頸，始紛紛有義勇隊敢死隊徵兵制等等的呼聲，可見平日對外侮並無絲毫的準備；國內政爭，拚死不悟，必至暴日用武力強占了東北，才紛紛派代表決定國內和平，可見平日對外侮並無絲毫的準備。他人以數十年的實際準備來侵略，我們只有臨時抱佛腳的急就章來謀應付，試問有何把握？前事不忘，後事之師，我們八九十年來原無自存的能力，僅恃列國均勢關係而得苟延殘喘，在此八九十年有何準備？所以時至今日，仍是一個毫無戰鬥力以自衛的國家。自世界大戰以後，各國經濟恐慌，自顧不暇，日本乃乘各國無暇東顧，其經濟勢力在中國遂作長足之進展，均勢力量已漸減，中國之危機亦愈迫，若今後仍泄泄沓沓，毫無自救之準備，則今日各國坐視日本在東北之橫行無忌，即將來各國坐視日本在全中國橫行無忌之縮影。到了那個時候，日本便可完全做到「使世界知東亞為我國（指日本）之東亞」（田中語）。及今不圖，後悔無及。

當前的重要關頭

準備的基本工作，最重要的是通盤籌劃的全國軍事計畫，全國經濟計畫，全國教育計畫，而尤須力求於最短期間實現。蘇聯一九二七年初草經濟計畫時，計算每年如較前增加生產百分之十，須三十五年後才及得到美國今日的生產和專門技能，須七十年後才趕得上美國，俄當局認為時不及待，決定五年內須增加生產百分之一百六十，乃於一九二九年決採行所謂五年計畫（詳見Pan Sovietism, by Bruce Hopper, 1931）。這種積極準備的精神，應能給我們以大教訓。

欲根本圖謀民族的生存，非基本的準備不為功；對於目前的重要關頭，就民眾方面言，記者以為除一面應實行徹底的堅決的經濟絕交，一面應嚴厲監督全國團結一致對外（詳上期本刊），尚有一重要工作，即須嚴厲督察懦弱無能的外交，不容外交當局再以敷衍苟且的結果來欺騙民眾。如當局為日本暴力所軟化，將東北的軍警經濟交通各權一一畫諾奉送，而贏得虛殼子以欺騙民眾，則雖日本作形式上的撤兵，而東北實已完全奉送，為日本鞏固吞滅中國的大本營；我們一時無力制止強盜之掠奪，應臥薪嘗膽，力圖恢復，不應謙恭諂笑，親口承認強盜之合法，應毅然與敵斷絕國交，全國以死相拒。

國慶與國哀

「以今日事勢觀之，天災可以死，盜賊可以死，瓜分之日可以死，奸官汙吏虐民可以死，吾輩處今日之中國，國中無地無時不可以死。到那時使吾眼睜睜看汝死，或使汝眼睜睜看我死，吾能之乎！抑汝能之乎！……吾今死無餘恨，國事成不成，自有同志者在。」這是林覺烈士——黃花崗為國殉難烈士之一——二十年前為國努力殺賊臨危授命時寫給他夫人遺書中的血淚語。革了二十年的命，他當時垂涕而道之「事勢」，到現在已成了「事實」。據東北逃難來滬友人所述，遼吉在暴日鐵蹄下之我國人民，民家出入唯日兵所欲為，身命殺戮唯日兵所欲為，強姦婦女唯日兵所欲為，取攜自由唯日兵所欲為，不僅日兵，即一切日本浪人都可狐假虎威，無惡不作，受其凌辱者，除俯首帖耳，飲泣吞聲，或不勝羞憤，犧牲一身外，含冤齎恨，哭訴無門，中國雖未全亡，而亡國奇慘，東北數千萬同胞固已含淚承受，林烈士所謂「無地無時不可以死」，所謂「吾眼睜睜看汝死，或使汝眼睜睜看我死」，無異為今日東北之寫真。我們念及雙十，不禁聯想到二十年前此日武漢之義舉，不禁聯想到慷慨捐軀為國犧牲的無數烈士，同時更不禁聯想到殉難諸烈士當時所痛心疾首奮不顧身欲為同胞剷除之危害，至今日則如水之益深，火之益熱，所謂「同志者在」，徒見其掛羊頭賣狗肉，鉤心鬥角於私鬥，喪權辱國為慣技，一任暴敵之橫衝直撞，劫掠慘殺，不以為恥，除「不抵抗」外無辦法，除「鎮靜」外無籌謀。痛念先烈之赤血熱淚，環顧國家之黑暗悽慘，逢此雙十，悲感叢集，實國民抱頭痛哭之日，國哀而已，何慶之有？

但是徒然哀痛，一味悲觀，則亦非有志氣的民族所應為，因為國慶或國哀，皆為我們所自取。所以記者撫今追昔，雖不勝其悲愴，但卻不願消極，並切望全國同胞不願消極。我們必須深信種瓜得瓜種豆得豆的因果律。今日國慶所以成為國哀，是由於我們已往的不努力；今後國哀之能否變為國慶，亦視我們將來能否努力為轉移，關於這一點，我們應勿忘歷史給與我們的教訓。

一八〇六年拿破崙曾經占領了柏林，而德意志受此屈辱，努力改革內政，整頓兵制，統一復興之業終得成功。一八七〇年普法之戰，普軍攻陷巴黎，割地賠款，普王威廉一世在法皇路易十四宮殿舉行德意志皇帝加冠的典禮，屈辱不可謂不甚。但法國於創巨痛深之餘，第三次共和國便在一致覺悟之下建設起來，後來阿爾薩斯和洛倫兩地終被奪回，奇恥大辱也洗雪乾淨了。這還是歷史上較遠的事實，請再舉世界大戰後土耳其和德意志所受之屈辱和他們由自己的努力而使國家復興的經過。

土耳其從前受帝國主義不平等條約的壓迫，實和中國完全同病相憐，一九一八年歐戰告終，因曾加入德國參戰，乃受協約國強迫簽訂所謂「摩德洛司休戰條約」，依此條約所規定，土耳其所有海峽炮臺，均歸聯軍管理；所有戰艦全數交出，有線電，無線電，以及海底電線均歸聯軍管理；港灣內造船所以及一切鐵路，均歸聯軍使用；石油產地亦歸聯軍管理，總而言之，此時的土耳其已顯然失其獨立國的資格。在此悲慘情況之下，凱末爾所領導的國民黨乃積極作大規模的革命奮鬥，在埃爾斯倫撫輯流亡，聚集志士，整軍經武，從事於一種新勢力的創造，以君士坦丁政府之腐化不堪，一九二〇年在安哥拉另設新政府，積極刷新內政，準備實力。英國與其傀儡希臘，對於近東利益死不放鬆，一九一九年五月希臘竟派兵占據土耳其的士麥那，絕無磋商餘地，至一九二二年土國國民軍和希臘惡戰一場，希臘大敗潰走，嚇得帝國主義者為之喪膽。土耳其既把希臘敗得一塌糊塗，一方面又得力於對俄對法對意以及其他各國的靈敏外交，於是乃有所謂「洛桑會議」，取消不平等條約，君士坦丁的各國駐軍也都撤了。

其次請言世界大戰後的德意志。德意志經世界大戰慘敗之後，依《凡爾賽和約》所受之痛苦，可謂全國繳械的國家，擔負巨額賠款，萊因河岸領土被聯軍占領，含羞忍垢，無以復加，然終以德意志民族之一致努力，限陸軍則寓軍事訓練於警察及全國國民體格之訓練，限海軍則獨出心裁創造其所謂「袖珍軍艦」，奮鬥十年，百折不撓，舉國上下以雪恥圖強恢復國權為職志，據巴黎《法蘭西新聞》雜誌最近所探載，德國新軍備實已達最優勝之程度，所占萊因區域，依條約之規定，須至一九三四年六月方能解除此束縛（《凡爾賽條約》簽訂於一九一九年六月廿八日），乃以德人之苦心奮鬥，於去年六月即達其恢復國土之願望，縮短四年期限。恢復失地之日，全國人民鼓舞歡騰，終宵不寐，街道上人山人海，高唱國歌。德意志民族之復興，已引起全世界的同情和敬意，已是鐵案如山的事實了。

努力的焦點

由歷史的教訓，我們可以斷言國哀之可哀不在外而在內，不在仇敵之強暴而在我們自己之不覺悟，不努力。我說這樣的話，絕不是說暴敵之有何可以使我們寬恕之處，是說我們徒然憤恨暴敵，詛咒暴敵，於禦敵雪恥絕無絲毫之裨補，欲收禦侮救國的實效，非我們自己有徹底的覺悟，下努力的決心不可。

我們國人從來未有徹底的覺悟，乃事實所昭示。即就日本之圖我而言，自甲午之戰起，距今已三十餘年；民四二十一條之要求，距今亦十六年；濟南慘案距今亦三年餘了。每次受一重大刺激，雖未嘗沒有一度之興奮，但除一度之短期興奮外，仍復沉沉入睡，武人政客之你爭我奪如故，一般國民之麻木如故，政治上經濟上軍事上教育上科學上均未因外患之急迫而有何積極的進步。我們現在應深切明白一向以亡國或亡國奴為口頭禪，視為嘴上瞎吹的濫調兒，如今死路越走越近，如不猛醒回頭，遼吉一帶同胞所受的亡國慘禍，所過的亡國奴生活，即全民族人人所必經歷的慘境，故所謂國哀，必全國上下深切覺其可哀，深切覺其於自身有切膚之痛之可哀，然後始有努力之可能。聞民四日以暴力強迫我國簽訂「二十一條」的時候，北大學生聽說袁世凱將允許，特求援於英使朱爾典，朱爾典謂「目前只有承諾，無他法，君等欲報日，準備十年，可一戰也」，對亡國條件謂為「只有承諾」，固為中國人所不願承認，但至今已忽忽十六年，較朱爾典所預期的「準備十年」已逾六年，仍是急來抱佛腳，有何覺悟？有何努力？

不過僅有散漫的意識，一時的感情，絕不能持久，絕不能有實效，所以既有徹底的覺悟，復有努力的決心，尤須有通盤籌算的計畫和堅毅奮邁的執行。如政府不能應民眾的這種希望，那末這種誤國的當局應為民眾所不容，民眾當群起而謀所以自救，否則國哀永無變為國慶的可能。

寧死不屈的保護國權

據路透電所傳，張學良近語外國新聞記者，謂他信瀋陽事件係少數有野心之個人所為，不代表日本政策，如能避免戰爭，他與政府諸人願盡力避免；又謂現已籌畫，一俟日軍全退，即令華軍開回滿洲，他擬先收回瀋陽，再談賠償云云。張氏此語，大似樂觀，以我們所知道，日本之處心積慮，欲併吞我滿蒙以遂其蠶食中國之野心，實為二三十年來不可掩之事實；此次日軍暴行，顯為預定計畫，旨在開始貫徹其所謂大陸政策。故無論或走直徑或走曲徑，而其所望達之目標則集中於一點，日本政閣屢易，政黨當權屢易，對華侵略仍為一貫，即其明證，而張氏乃「信」為「少數有野心個人之所為，不代表日本政策」，其為夢囈，何可笑！記者之作此言，非欲於山河破碎之際，尚欲和張氏個人論列是非，乃深信我們必須對此點看得透澈，才能徹底明瞭東北前途之危機，和非我們力謀自救之終必完全奉送。

遼吉前途究竟如何？根據上述的前提，我們可以斷言在日本所肯做到的不外兩途，一則永遠占領，名實俱歸；一則取實避名，空殼子暫時奉還。前者為日本軍閥派的欲望，後者為日本外交派所主張，而其共同目的皆以亡我東北為前提。蹂躪東北之劊子手本莊近在沈大和旅館召集來華日軍官會議，在席間演說，謂「我們對滿經營數年之目的今始達到，而國聯會員國及其他有實力國家竟令我們退兵，我們應存頭顱可斷兵不能撤決心」，可見日本軍閥派之野心和凶橫。幣原外相對南陸相等軍閥派，曾有如用武力永占南滿，等於吞下一顆炸彈，則屬於後者的主張，即認為時期未至，未便於光天化日下即做強盜，還是先剝削其脂膏為上策。一為性急，一為慢性，二者有一於此，東北皆非中國所有，平津屏障先去，中原慘亡隨之。記者以為我們在目前既未能即「斷」本莊等的「頭顱」，與其答應亡國條件，不如任強盜據其贓物，作為全國抗日運動的痛心目標，絕對不與妥協，寧死不屈。

寧死不屈的抗日運動

人人有求生存的權利，國家民族亦有求生存的權利，在大同世界未達到以前，個人的生存常不得不附麗於國家民族的生存。故我們對於暴日危我國家民族生命的暴行，必須反抗，必須抵死反抗，實為我們人人做人類中一員所應有的權利，所必須死爭的權利。我們民眾抗日運動的唯一有效武器是徹底的堅決的經濟絕交。這種武器的奇效，我們只要看大阪十一經濟大團體之驚慌會議，便可見其一斑。據我國實業部最近統計，最近三年（即十七、十八、及十九）日貨輸入我國平均每年在三萬萬三千八百餘萬兩之巨（確數為338,475,510），合銀洋竟達四萬萬六千六百餘萬圓之巨，再加上在華日廠所產棉布棉紗每年之二萬萬圓，共有六萬萬六千六百餘萬圓之可驚數量，每年我國人拱手奉送給日本的巨款等於全國人口總數一倍半以上。經濟絕交途徑不一，僅就抵死不買日貨而言，由仇國收入中奪回此巨款，已足制其死命。這可以說是經濟開戰，個個中華民國國民無論男女老幼，都有做赴難戰鬥員之一之可能，因為不買日貨是人人能力內必定可以做到的事情，只要人人能做到，必有勝利的可能，全在乎我們全體國民能徹底，能堅決。

據電通社電訊所傳，大阪輸出棉紗布同業會參加大阪經濟團體對華決議，決定向政府進言，忍受貿易犧牲，根本解決滿蒙懸案，使中國南方之排日排貨絕根。可見他們之「忍受犧牲」在希望「排日排貨絕根」，只要我們堅持到底而不絕根，他們便難於「忍受」了。我們國難危急至此，國破家亡身辱，謂對經濟戰爭而仍不肯堅持，我不忍信。

日本不是不知我們對他經濟開戰之可畏，所以紛紛以軍艦陸戰隊來威脅，向我國政府提出嚴厲抗議，強迫我國取消抗日運動，以「最不幸之重大結果」相恫嚇。友人陳彬龢君曾謂「操白刃以切人之咽喉，而欲人無息無聲，不一撐拒，甚且忍死以表示友善，能乎不能？」可謂痛切之至。我們全國國民應下最後決心，即白刃加頸，頭可斷而仇貨不買，軍艦陸戰隊其如我何？

寧死不屈的準備應戰

瀋陽兵工廠原存有步槍八萬枝，機關槍四千架，飛機廠可用飛機有二百架，此外彈藥糧秣迫擊炮各廠設備至少在一萬萬圓以上，而張學良預聞日軍將來侵奪土地以前，準備之方是叫各當局先把軍器彈藥存入庫內，所下命令是「日本人愛什麼就給他什麼」！各高級軍官的臨危準備是化裝逃走，像所謂東北邊防軍總參謀長榮臻是化裝一僕役模樣，趁日軍開城行人擁擠之時，持菜籃作出城買菜模樣，混出逃到北平去謁見那位「日本人愛什麼就給他什麼」的中華民國陸海空軍副司令！這是「未死先屈的準備不戰」，我們現所需要的不是這種無恥舉動，是寧死不屈的準備應戰。

暴日之謀我已二三十年，而我國只耗精神財力於內戰，國防可謂無絲毫準備，至今日而始言準備應戰，實在是一件極痛心的事情。但國難至此而尚不作應戰的準備，更為全世界上最無恥的民族。以我國目前軍備之遠不如人，謂為可由開戰而勝，我苦於說不出理由，並且雖聽見不少人舉出的理由，也都不能認為可靠。然我猶主張寧死不屈的準備應戰者，以為不戰而死，不如戰而死，全國死戰偕亡，勝於伈伈俔俔做亡國奴；況且真能全國死戰抗敵，或許於一部分之犧牲外，尚得死裡求生。同時我國在外交方面應極力打破孤立的局面，觀察全局，聯絡中山先生所謂「以平等待我之民族」，在互利而不辱國的條件之下，向前奮鬥。

決死之心和怯懦自殺之區別

自暴日占我國土後，青年痛憤自殺者頗不乏人，最近陸續發現者又有數起，一為黃次章君，年十九，寧波人，本埠閘北市北公學學生，平日懇摯勤學，自聞日軍侵占東北驟然憤激，背家人往天后宮義勇軍招募處報名，因身材矮小，未經錄取，於本月六日暗服安眠藥片致命；一為康寶森君，年二十歲，遼寧人，係財政部稅警總團步兵排長，感覺國破家亡，滿懷義憤，於本月七日開槍自戕；一為不知姓名之男子，於同日痛國難投浦江自殺。

保護國權，須全國人人有決死之心；抗日運動，須全國人人有決死之心；準備應戰亦須全國人人有決死之心；故人人有決死之心，實為救國的首要條件。悲憤國難自殺之動機純潔可敬，我們雖不忍有所非議，但我們切盼青年明白決死之心和怯懦自殺截然不同。黃梨洲嘗謂「慷慨從軍易，從容就義難」，我們可以換句話說：「慷慨自殺易，奮鬥救國難」，要想救國就不該怕難，因為怕難就是怯懦，試問人人都來做「易」的事情，叫誰來幹「難」的事情？而且覺悟的分子愈多，國家民族復興的希望愈大，不惜一死報國的人就是最有覺悟的分子，最能自我犧牲的分子，敵人方深恨我們有這樣的分子而思一網打盡，日軍入東北後之仇視青年學生，即其明證，我們反紛紛自殺，豈不是自傷元氣而助敵張目？故我們應以決死之心用到積極的路上去，不應向消極的路上跑，至少須等到與仇人肉搏時拚命。

姍姍其來遲的和平統一會議

暴日之所謂「大陸政策」，即田中明目張膽所狂吠之「滅亡滿蒙以便征服支那」的積極政策，不但形諸筆墨，定有步驟（記者最近得友人見示日本參謀部所印之極精詳的大張東亞地圖，亦顯然以各樣顏色劃好分期吞併中國之規劃），國人初聞或目睹其陰謀之形諸言詞或紙面者，或尚不免懷有疑信參半的心理，今則暴力橫行，已成事實，宰割開始，無可掩飾，我們對國破家亡之慘禍危機，已無須多所詞費，當前全國人所當聚會神思切慮者，即禦侮救亡的辦法。天下絕對沒有無辦法而能達到目的之僥倖事實，我們現在所最要問的是到底有什麼辦法？

我們深信必須國內團結一致，然後始有抵抗外侮之可能，否則一切都無從說起。在民眾方面，原無不能團結一致的阻礙物，不過在政治上以黨國自任的大人先生們如何，我們很痛心的覺得還要加上一個問號。暴日以暴力強占遼吉兩省各重要區域，今日殺入此城，明日炸到那城，雷厲風行，倏忽萬變，其速率和我們國內所謂和平統一會議之姍姍其來遲，適成反比例。他們儘管快，我們卻儘管慢！慢的原因，據傳聞所得，無非條件條件之聲盈耳，支配個人位置之消息紛至沓來，在民眾方面之感覺，似袞袞諸公除各個私人的地盤權利外，心目中無所謂中國民族之前途，更顧念不到暴日之正在磨刀霍霍切我咽喉而致我國家民族的死命。中山先生謂政治為眾人之事，倘若和平統一會議而僅屬少數私人地盤權利的和平統一，和「眾人之事」風馬牛不相及，是直等於分贓會議，實與中華民國無關，在悲憤國難的民眾看來也覺得無關痛癢，這絕對不是我們國民所希望的和平統一會議。

當暴日占據遼吉之第三日，張繼氏在北平市黨部演說，有「黨不能負救國之責，應自己取消自己，黨員應該自殺，將國事交還國民」之語，可謂沉痛已極。當此國難臨頭一髮千鈞之際，所謂和平統一會議，應撇開私人問題，「放下屠刀」，於沉痛覺悟之中一心一德商定對付暴日以救危亡的策略。袞袞諸公何去何從，國民應於此會之進行和結果作嚴厲的督察。中國為中國人全體的中國，非少數私人的中國，「能負救國之責」的黨及政治上的人物始值得國民的信任與擁護，否則即為國民所唾棄，自掘墳墓，絕難倖存。

戰與不戰的問題

自空前國難發生以來，全國同胞憤懣已達極點，戰與不戰，殆為人人心目中所同有的一個問題。記者是主張應戰的，但是我的主張應戰，是認為死裡求生的唯一辦法，並不認為在戰事的本身我們有打勝仗的把握。

何以說應戰是死裡求生的唯一辦法呢？就國際方面看，姑無論國聯的態度如何，但因無實力為後盾，至多只能給我們一個虛面子，仍要叫我們直接交涉，故我們在這方面可謂本無希望可言；俄美至多只能給我們以精神上的幫助，亦不可恃。講到直接交涉，姑無論暴日凶橫，絕無撤兵之誠意，且（一）吉會路木已成舟，若苟且承認則無異將東北奉送，奉送東北即自絕國脈的催命符（下期本刊落霞君將有〈暴日強築吉會路之重要性〉一文，可供參閱），但不承認則非準備應戰不可；（二）交通水電均已入日人手，若越界築路然，重要地點，皆成租界式，存心霸占，我不承認亦非準備應戰不可；（三）即撤兵亦僅退在日本站，隨時可再出而蹂躪，我方絕不能取得任何保障，故此次俯首帖耳恭認強盜行為，以後有所要求，都不能不承認，但此次不承認，則非準備應戰不可。胡漢民氏最近到滬後談話，謂「我人之對日外交，應確定一堅強之原則」，其原則即「絕對不屈服於任何暴力之下」，與「絕對不能喪失國家之權利」是也。故「此時全國上下，為保障國家獨立，民族生存計，實不能不抱有拚命的決心與準備」。這幾句話實在是我們所要說的極痛切而異常扼要的話。記者認為我們欲在外交上和日本直接交涉，除直截了當承認亡國條件外，萬難達到胡氏所謂「絕對不屈服於任何暴力之下」和「絕對不能喪失國家之權利」兩個重要原則；要不承認亡國條件，要達到這兩個原則，即非準備應戰不可，亦即胡氏所謂「實不能不抱有拚命的決心與準備不可」。我們主張準備應戰，不是說在戰事本身上即可打勝仗，是以為國家對外只有兩條路，不是外交，便是備戰，現在對日外交既只是死路一條，我們要堅絕不承認亡國條件，只有準備應戰是死裡求生的一條可走的路。

應有犧牲的決心和奮鬥的計畫

暴日強盜行為之凶橫，已為國際上所共棄，我們只須看各國輿論及國際空氣已可明瞭，國內則經濟恐慌幾達不可收拾的境域，軍閥驕慢，與文治派互相水火，國民思想左傾日甚，對軍閥及資本家反感日深，其國內之不安現象，危機四伏，原為日本最倒楣的時代，但我國所以仍未能有一戰勝利的把握者，實因我國自己一向太不爭氣，歷年也在最倒楣的時代，毫無抵抗外侮的準備可言，但如今我們即不能希望在戰事上打勝仗，苟有全國死拒決心，日本亦不能得最後的勝利。我們既絕對不能承認亡國條件，則絕交為必然之結果，絕交後日必出兵威嚇，首必占據沿海各要隘，亦為必然之趨勢，我們不得不有犧牲之決心；但中國海線甚長，由北方至汕頭，日方至少需五十萬人至一百萬人始能防守，人少則易遭中國兵之襲擊，人多則軍費浩大，同時因對華商業停頓，經濟益困，而工廠卻不能停工，停工則工人生活無著，更起恐慌，不停則又無法維持，到那時候暴日對我必有吞不下吐不出之苦況；且以事勢擴大，國際利益牽涉既多，屆時各國是否能坐視暴日之任所欲為，尚是問題。

再退一步，中國至不得已時，尚可暫時放棄沿海，保守內地，此時應自比彷彿漢水滔天，沿海已成澤國，至此中國人亦須自求生路，轉覺內地之可以移居，此時應訂一三年或五年計畫，積極猛進。應注意之要點如下：（一）以逸待勞，以久待暫，以柔待剛，見日本大兵至則退守，小隊則襲擊；（二）一面向俄德定購軍械，一面聯美在經濟上與日以威嚇；（三）一面開發西北，一面溝通西南；（四）積極訓練國民軍。利用沿海之資本與人才，不但可以自給，且可將廣大之曠土造成繁華錦繡之區。土耳其曾為英希聯軍所蹂躪而放棄沿海以謀抵抗，昔俄亦曾以堅壁清野勝拿破崙，非無前例。揚子江上游之水力可利用為發電而興工業，四川物產豐饒，雲南礦物極富，廣州可繼續向海外貿易，該三省財富可供全國之用，西北開發尚不在內。以上固為粗枝大葉，具體辦法及計畫細目自須聚合專家，詳慎另訂。

中國對日武器第一為經濟絕交，但非國家絕交則經濟絕交不能徹底。第二為地大人眾，日本一時吞併不了；地占不了，人殺不盡；只須我們能堅持，至死不屈，不逾三月至六月，彼絕不得不屈服，乃得根本解決一切懸案，不必待三年或五年而後可達目的。此時國人不必自餒，應有犧牲的決心和奮鬥的計畫。全國團結一致，努力向前，義無反顧，與暴日抵抗到底，切勿於此時因循苟且，貿然畫押於賣國賣身契！

日內瓦的巨劇

自國聯理事會為暴日強占我國東北的暴行屢次開會以來，做過兩幕轟動世界耳目的好戲。一幕是以十三票對一票通過請美國參加會議，日本雖費盡心力反對，竟無可如何，投一張反對票終敵不過各國全體一致的十三票，在日本算是很坍臺的了，無怪西報上稱為「國聯史上有聲色之一幕」。還有一幕是十月二十四日該會以十三票對一票通過決議案，限定日軍十一月十六日以前撤退，又以十三票對一票打銷日本所提出之對案。所謂十三票者是全體的表示，所謂一票者是日本單獨的表示。日本自己的提議只有自己贊成，自提自通過，別的一個也不睬他，可謂掃興之至！在會上各方辯論激烈，日所提出的「對案」中對撤兵一點說要等到「中日兩政府間在支配其尋常關係之基本原則上所預有之諒解見諸實施，使情感溫和，與緊張事態終了時」，主席白里安及西班牙代表馬達利迦對於所謂「基本原則」均有嚴詞詰問其「究竟意思何在」，日總代表芳澤只得扭扭捏捏，說他自己僅「略知其意」，大有不得不自居於大飯桶之列，不然，何以身居「總代表」而對於本國所提出的議案，不過「略知其意」？其理屈詞窮，窘態畢露，可謂已達極點。英代表薛西爾並謂「拋擲炸彈之事件，使英政府為之惶擾，在國際公法中，此種行為，難以辯護」，其直斥日本暴行之嚴厲態度，亦殊令芳澤大代表大不堪，西電稱為「日內瓦所演空前巨劇」，確不能算小！芳澤會後語新聞記者，說「今日為余有生以來最痛苦之一日」，這只好謝他自己祖國軍閥強橫野蠻之賜。

但是國聯的戲雖做得熱鬧，我們中國且慢樂觀！國聯此次為日本舉動過於強暴，實在使國聯的面子下不去，所以不得不掙扎起來板一下面孔，其最大限度不過使日軍暫時退到鐵路區域，以裝飾《聯盟約章》第十一條中所謂「保持各國間的和平」，白里安對此點表示國聯已算「盡其責任」，可為佐證；至於何方受了蹂躪和冤抑，原非國聯所願與聞。這好像一個人家被強盜搶殺了一頓，這強盜還要賴在裡面不走，左右鄰居聚攏來，所要求的只不過請求這個強盜好好的出去，而強盜則三番五次拖著厚臉偏要賴在裡面，這班素以不許打架相約的鄰居實在覺得臉上不好看，只費盡心力求他顧顧面子出去一下，就算了事，至於他所犯的強盜罪，他對於所幹的搶殺勾當所應負的責任，那是另一件事。國聯的活劇無論如何「巨」，最大限度的可能結果只是這樣，這是我們要認識請楚的。

前途如何？

記者之作此言，並非對國聯原來存有什麼奢望。依《聯盟約章》第十六條所規定，「聯盟會員國如不顧本約章規定，未將爭執事件提交仲裁，或法律解決；亦未提出聯盟解決；或提出解決以後未滿三個月而從事戰爭的；應認為對所有聯盟會員國有戰爭行為。其他會員國應立即對於此違約國加以商業的財政的制裁（斷絕商業財政關係），於可能時由各會員國共同出兵，以達到保護《聯盟約章》的目的。」暴日對我屠殺炸毀，占地毀路，全以戰時對敵人之軍律，慘戮我人民，其為「從事戰爭」，為三尺童子所能辨，而國聯之「其他會員國」絕無「立即」的「制裁」舉動，反多方委屈求全敷衍日本，其始終以僅求掩飾國聯面子為已足，約章不約章，原不在意。乃日本軍閥們過於興高采烈，今日飛機炸彈出去炸死幾個人，明天又飛機炸彈出去炸死幾個人，國聯面子實在再坍不下，所以白里安有憤然的表示。我們對國聯原無奢望，所以也無失望之可言。記者所以猶不憚煩提出國聯「巨劇」最大限度的可能結果即做到亦不過如此，意欲我們切實注意此事的前途如何，仍全恃我們自己的努力為轉移。

屠殺遼吉的劊子手本莊繁曾作「頭顱可斷兵不能撤」的豪語，到了十一月十六日，他的「頭顱」要不要，此時固難預言，但在我國卻須先有毅然的決心，即日本屆時膽敢仍置國聯議決案於不理，我國應以擁護聯盟約章及恢復國土的兩大光明名義出兵取本莊繁的「頭顱」。在此種國際同情之下如再無破釜沉舟背城借一之計，實為世界上最劣等最無恥的民族，沒有再生存的價值！

夜長夢多的三星期

在十一月十六日以前夜長夢多之三星期內，我們最須嚴厲監督者，是我國政府必須始終拿定日本無條件撤兵，絲毫不可受暴日威迫利誘而有所苟且遷就。「頭顱」在要不要之間的本莊繁原反對張學良，把他的家具封送北平，表示拒絕他回沉之意。現在他也許要改變方針，想法誘他回去，促進先行直接交涉的勾當，在張學良未嘗不想回去收拾地盤，在國難初發生時，他即屢有表示只須先將瀋陽收回，其他可以從容商量，這一著我們此時仍應嚴防。日本人每謂我國政權在新軍閥和政治小兒之手，不足畏，我們應一雪此恥，不可一誤再誤。

同時我們國民所須注意的——尤其是在此極嚴重的時期——是要極端反對仍以黨爭而一再誤國。我們認為只須國內政治能上軌道，能一致團結安內禦外，外患實不足畏。我國近代史上最慘痛的現象是外患每乘內亂而猖獗，內亂並不因外患而停息。各國當國難臨頭，全國上下必能立即捐棄私見，團結對外，如大戰時法國及英國均能集合全國各黨英才，成立國防政府，即其近例。未見有若我國，外患急於星火，而黨的糾紛仍無迅速的解決辦法。表面上和平統一會議似乎說得天花亂墜，但暗礁無數，言者鑿鑿，軍閥時代武人干政的電報重複排演，不到黃河心不死，中華民族和中華民國到底和他們不知結了什麼深仇！我們立於國民地位的人，自問全國國民何嘗未和平統一，南京人和廣東人何嘗有什麼意見？徒因黨的帳算不清，把國家的存亡都連累在內，這是什麼道理？我們全國主角此時應起來監督一致團結對外，不要給外人始終視為劣等民族，死不足恤！

總之在此嚴重的時期，我們國民對外應監督政府堅持無條件撤兵；對內應嚴防以黨誤國。日本即撤兵，不過退到他們所自稱的南滿路附屬地，他的暴力仍隨時可於幾分鐘內肆其凶焰，強盜仍在家裡，未曾出門，如家裡的弟兄們仍儘管吵嘴打架，鬧個不休，仍須任人宰割，走上一條死路的！願死與否，請自擇！

寫到這裡，得東京電訊，日政府宣言「基本原則」不因國聯議決案而變更，仍勸我國政府先直接交涉，交涉開始後始能著手撤兵。在此嚴重形勢之下，國民應嚴厲防止政府之軟化，應下準備應戰之決心，共赴國難！

國人勿再夢想《聯盟約章》第十六條的規定，以為日本如仍頑抗，到了十一月十六日仍不撤兵，列國便要對日實行經濟制裁。美國開始參加會議時即聲明不負聯盟約章所引起的任何義務，故美國絕不肯加入封鎖日本經濟。美與日既仍得自由貿易，各國即肯封鎖日本海上貿易，亦屬無效，況其他各國對此事亦不能一致。故我國除準備自己抵抗，除準備自救外，沒有第二條路走。

人民已經團結一致的表現

常聽人說中國人民好像一盤散沙，但我們看到最近我國國民於東北國難發生之後，一致對日經濟絕交的情形與已有的結果，我們敢說人民已有了團結一致的表現。據可靠統計，日本近來因我國抗日運動激烈，在十月中旬日本停船之數量共達五百十九艘，總量為二一萬八千六百八十七噸，預計至本年底，停船將達全日本總船舶噸量百分之六十，這便是日本全國的航業受到半數以上的影響了。又據另一消息，我國進口外貨統計，日貨原屬百分之三十，自暴日橫行，全國國民一致抗日，各海關進口稅收亦減少百分之三十，這樣看來，日貨進口，勢將絕跡。日本每譏誚我國之抵貨行為有如小兒病，認為是時發時輟的無意識的舉動，不料這次「小兒病」卻比從前不同，以「大人」自居的日本也不能不為之恐慌了！

友人中有兩位的鬍子好像日本人的樣子，他們最近都有過這樣的經驗，有一次到汽車行裡去坐汽車，汽車行中人不許租用，他們提出抗議，汽車伕即在旁嚷著說：「阿拉勿要租給日本人！」還有一位朋友最近一晚因事坐著一輛租用的汽車經過靜安寺路，當時已過十一點鐘，電車已無，途中有兩個日本巡捕頭要想挨上來揩油附乘一段路，汽車伕嚴拒急駛而去，回過頭來向我的那位朋友大發議論，說「如果是中國巡捕，軋軋勿要緊（軋即擠的意思），日本小鬼，阿拉勿可以，這樣大的國家受日本小鬼的欺侮，這是歐洲所沒有的！」這位汽車伕先生的高論固很有趣，而尤其可以注意的，是他的行為乃出於本心，並沒有什麼人在旁指示他幹的。像上面的例子，就記者所聞見的，可謂不一而足，敢說中國人民未嘗沒有團結一致的表現。我們所深覺憤慨的是人民方面雖有了團結一致的表現，而在政治上對安內禦外負有重大責任者，反給人以把持權位不顧民族前途的印象。一般人民對於權位，本無所惜，不過必須以為國為民做出發點，平日在政治上的行為及措施，予人以共見，認為確是自我犧牲，赤誠為國，並非為親戚私黨爭權奪利，傷國病民，不但不反對，而且不勝歡迎，否則人民雖於威迫之下側目重足，亦自有其公意所在。

誰的賣國主意？

十月三十一日晚八時半，太平洋國際學會中國分會以地位關係，宴請此次出席會議之各國領袖代表於上海福州路杏花樓，賓主到者五十餘人，席間有來賓現充陳友仁氏祕書之鮑明鈐君起立演說對於中日交涉之方針，其大意以為目前中日兩國間之交涉不過三項問題，都不難解決：（一）日本在東三省敷設鐵道問題。據鮑君意見，以為吉會路之建築係有條約根據，吾國不應否認。換言之，凡有條約根據者均應准其敷設。（二）鐵路平行線問題。據鮑君意見，以為解決之法有二：（甲）由我國與日本南滿鐵路共同商定劃一之運費，俾南滿路不致受我國平行線競爭之影響；（乙）將東三省所有鐵路一律改由中日兩國政府合辦，如此則日本當不致再有不安。（三）商租權問題。據鮑君意見，日本苟能對於商租年限一層可以縮短，亦不難解決。鮑君繼述最近陳友仁氏東遊日本（聞鮑君亦係隨員），曾與該國當局有所接洽，備悉日本政府意旨所在，故廣東國民政府深信對於是項交涉，不無解決方法。鮑君言畢，舉座無不失色，尤以中國方面會員為憤慨，已正式聲明此與中國民意相反。又聞鮑君言畢之後，日本代表某君曾即席表示，對於鮑君意見百分之九十均可贊同，並悉日本代表復約鮑君於次晨在華懋飯店作重要談話。

強築吉會路是否有條約根據，本刊本期曾有一文發表，明眼人自能共見。況所謂「條約」云云，不出於我國貪官汙吏之賣國祕約，即屬於威迫簽字之亡國條約，均為我國國民所不能承認。合辦即奉送，鮑君以如此日人「不致再有不安」，可謂體貼備至！但中國未全亡，日仍難「安」，鮑君其如之何？鮑君私人的狂囈，原無指斥的價值，唯鮑君既係陳友仁氏祕書，並自己牽到陳氏和廣東國民政府，國民卻應加以嚴重的注意。報上屢載陳氏赴日的黑幕，尤以陳氏致幣原一電為可疑，最近陳氏極力自白並無賣國事實，我們固望鮑君所言非陳氏的意旨，更非廣東政府的意旨，但蛛絲馬跡，國民不能無疑。我們所欲鄭重申說者，中國為全中國人的中國，若以少數人暗把中國出賣，這是全國國民所當共起反抗而至死不能承認的。粵方幾位人物到滬後的言論，頗得民眾的同情，我們希望他們對此事有鄭重坦白的聲明。

為民族爭光的馬將軍

我們中華民族的歷史，為保全國土而以死禦敵的忠貞將士與官吏，代不絕書，言其較近的事實，則明末史督師可法於清兵進攻揚州，孤軍血戰十日不屈，清多爾袞五次致書勸降，都不啟封，城破時自殺未遂，被清兵執去，優禮備至，敬呼先生，而史公怒說：「頭可斷，身不可屈！」終被殺而義無反顧。史公此語雖出於距今二百八十六年前，而其慷慨義聲，猶似歷歷在耳，碧血千秋，萬世感泣。即降而至於甲午中日之戰，我國雖敗，但我國兵艦致遠奮戰聲震遐邇，其督帶鄧世昌忠勇奮戰，至死不屈，雖艦沉沒，而全船勇戰以殉國難，無一逃者。即海軍提督丁汝昌亦於敗後自戕以殉。誰謂中華原為怕死而不知義勇的民族？但最近暴日來侵，我國卻出了「日本人愛什麼就給他什麼」的「不抵抗主義」的「中華民國陸海空軍副司令」；又出了臨危「裝一僕役模樣」、「持菜籃作出城買菜模樣」、「混出逃到北平」的「東北邊防軍總參謀長」，以及其他無數精於逃遁的高級軍官們！國人所感受的恥辱，可謂無以復加，在此鮮廉寡恥的黑暗境界之中，突然湧現一位為民族爭光屢以死抗暴日獸軍的黑龍江代理主席馬占山將軍，我們不得不以滿腔熱誠對馬將軍以及他的忠勇憤發為國效死的將士頂禮膜拜，致其無上的敬意。

此次暴日誘脅洮南鎮守使張海鵬圖亂黑省，助他向齊齊哈爾（黑省會）進攻，想要造成熙洽第二，不料為黑省義軍所敗，黑軍因防日軍復增援協助叛軍過江前進，毀拆嫩江鐵橋，固為軍事上正當之處置，而日軍之狼心狗肺，不願斂抑，藉洮昂路有借日款之關係，以兵力強修鐵橋，在他人國土內協助叛軍，存心掠奪，是否可藉口路款而自掩其醜，為天下所共見。白里安直斥芳澤，謂「洮昂鐵路之嫩江橋距條約所許日本駐兵之滿鐵附屬地，已在五百公里外」（其實依條約，日在滿鐵附屬地已無權駐兵，本刊下期有一文研究此事），日本此種暴舉所引起的印象可以概見，但暴日軍人的獸性爆發，任何是非，無從說起，竟於十一月四日晨五時以飛機掩護甲車軍隊向我猛攻，馬將軍親赴前線督戰，我軍士氣旺盛，迎頭痛擊，十時日軍不支敗退，午時日軍增加援兵反攻，我軍奮死抗戰，前仆後繼，一以當十，五時日軍大敗而逃，退到泰來。六日日軍復增援大舉進攻，以手溜彈為衝鋒利器，士兵上刺刀向我猛撲，我軍多缺乏刺刀，以槍柄抗敵，以死肉搏，仍將敵擊退，其奮勇可知，聞此役吳兆麟旅在大興前線之忠勇，不在當年韓光第下。截至記者執筆時，日軍仍在調集援軍圖再攻，我方挖壕固守。最後成敗是另一事，馬將軍通電有「我有守土之責，當效命疆場，誓與寇敵拚命，絕不生還」等語，這種保衛國土，寧死不屈的精神，實為中華民族前途生路之所繫，使世界知道我國軍人非盡無恥，為民族爭回不少光榮。這樣忠勇的衛國軍人，固非枉死於內戰的傀儡軍人可比，亦非他國以侵略別人國土的暴虐軍人可比，全國國民對於這種以衛護民族保全國土而不畏自我犧牲的模範軍人，實應與以一致的感謝表示與鼓勵。記者此文之作，自信能代表全國同胞對於馬將軍及其忠勇部下無限敬意的心理。

敬告義勇軍諸君

最近京滬均有義勇軍檢閱之盛舉，參加者均為前途最有希望的大中學青年。此次慘痛國難，熱血最洶湧者為全國可敬愛的青年，加入義勇軍最踴躍者亦為全國可敬愛的青年，記者願竭其愚誠為諸君致敬意，但有一語願為諸君告者，即須力求實際的訓練，而勿僅具表面衣飾上的形式。所謂訓練，尤不僅限於軍事學上的所謂術科學科，更當注意於義勇軍精神上的訓練。記者有位朋友二十年前在日學陸軍，據說當時我國同學者有數十人，該校對於學生訓練，異常嚴格。臥室內帳榻須嚴格的整潔，每日有教官檢查，戴白手套向帳頂一抹，如有黑跡，即記大過一次。室之一邊牆上有懸板，上置牙刷毛巾及衣服被氈等物，下掛皮鞋皮帶等物，各有定所，絲毫不許錯誤，否則又是大過一次。所折衣服大小高低均有一定尺寸，誤者又是大過一次。我國留學生是隨便慣的，都覺得來此是學高等學問的，這些瑣屑小事，嚕嗦何為？頗嘖嘖有煩言，為教官所聞，乃特別召集訓話，說你們現有電燈可用，到了戰場上誰為你裝電燈，就有也要防有敵人來割斷電線，到那時半夜動員，暗中摸索，倘素日物無定所，要拿皮鞋，也許摸著了牙刷，吹號幾分鐘後即須集隊，等你舒齊，敵人已到了你的面前。衣服被氈件數有限制，折疊有尺寸，因箱子必有一律尺寸，火車運時箱子地位亦須有數量之預計，才能預算迅速，有條不紊。至於微生蟲之作祟，較敵人的彈子更凶，故必須於平日養成清潔習慣。以上不過姑舉數例，總之軍事訓練重在有嚴格的紀律與秩序，刻苦耐勞，實事求是，不然，雖個個穿上一套時髦新裝，束上一根美觀皮帶，而於滔滔皆是的浮躁浪漫奢華的習氣一無剷除的影響，則精神已失，形式何用？我國社會點綴品多矣，何必再加上一種？因囑望之殷切，故不自覺其言之逾分，唯善人能受盡言，想義勇諸君不致以記者為狂悖。

我們何以尊崇馬將軍？

遼吉兩省以騰笑萬邦貽羞民族的無抵抗主義而淪亡於異族者已兩個月了。絕塞孤軍、奮勇殺敵的馬占山將軍所掙扎保全者僅屬東北一隅之黑龍江省，而義聲所播，震動寰宇，凡屬中華民族的後裔，更無不知尊崇馬將軍者，實以馬將軍衛國抗敵的精神，不但足以爭回國家民族的人格，而且足以喚起全國民眾的忠魂。我們試加分析，至少含有下列兩個應加注意的特點：

（一）犧牲自我以保族衛國的精神，也就是自私自利的劣根性之反面。遼吉兩省之淪亡，全國無不痛恨於將吏以無抵抗自掩其醜之為無恥已極，但據東北歸來友人所談，東北將吏，大概都是三妻四妾，腰纏萬貫，各人平日搜括所得，存於大連等處外國銀行者累累，自私自利的準備早已辦得妥帖萬分，其腦袋中原無一絲一毫國家民族的影子存在，更何保族衛國之足云？聞自東北國難發生以來，上海喪盡良心的富家翁紛紛把存在中國銀行的存款移入外國銀行，每日多者數百萬少者數十萬，最近總數已達四五千萬圓之巨，金融恐慌，實此類亡國奴根性之作祟，這班人的腦袋裡除了孔方兄外，什麼國家民族，什麼民眾安寧，乃至他們自己的歷代子孫之是否將陷為亡國奴，都不在意中，所津津有味與孜孜不倦者，盲目的自私自利而已！乃至國難當前仍鬧著黨見而難有合作希望者，歸根到底亦不外不能自我犧牲而但知自私自利的劣根性暗中作怪而已。中國不至遽亡者，幸而這種劣根性尚未普及；我們要希望中國能在重圍中打出一條生路，全在先把這種劣根性根本剷除。馬將軍親臨前敵，身先士卒，將士受其感化，故亦不知自有其身，據大連電訊所述：「馬占山軍攻守動作以及士兵之頑強性，實為從來所未有，當戰爭之第六日，馬軍竟頑強而至拔劍奮呼亦不退卻，其勇敢殊堪驚人。」此種為民族犧牲自我的精神，實為保族救亡之至寶，而有待於擴充與普遍。

（二）正義所在，生死不渝的精神。馬將軍通電有謂「明知江省聯絡斷絕，呼援不應，僅以一隅之兵力，焉能抵日人一國之大軍？……占山受國家倚畀之深，人民寄託之重，目睹遼吉淪胥，江省危如累卵，與其坐失國土，委諸父老於不顧，毋寧犧牲一切，奮鬥到底」。又馬將軍對哈慰勞團代表說：「本人有一定宗旨……一口氣尚在，絕不將國土拱手讓人，軍隊完了，到黑東荒練民團再幹……」這種只知有國家民族而置個人生死禍福成敗於不顧的大無畏精神，倘能全國一致如此，誰能動我分毫？

國際間的醜態畢露

日本芳澤在國聯大彈其琵琶，電通社電訊曾傳日政府因芳澤外國語不佳，叫伊藤述史加入做通譯，後來又有換代表的傳說，最近決令駐英意的兩日使加入幫忙，芳澤固不行，但做強盜有何充分理由可說？雖具天大本領的外國語，有何用處？但芳澤的醜態還不及所謂本莊繁和土肥原的醜態。明明搜括侵占瀋陽，還要拉個袁金鎧；明明搜括侵占吉林，還要拉個熙洽；明明要搜括侵占黑省，偏要拉個張海鵬。據路透社電訊所傳，本莊繁於十三日第二次通告馬占山將軍，說因電報錯誤，上一次通告未說清楚，特聲明他的意思不但要進軍昂昂溪，並要直攻齊齊哈爾，馬將軍回答他說：「你既聲明不過要保護洮昂路，何以要到齊齊哈爾來，我恐怕你又錯誤了！」一面土肥原又由天津硬拉溥儀去做傀儡皇帝。凡此種種，無異對國際當面說鬼話，做鬼臉，國際明知其當面說謊，卻仍與敷衍委蛇。尤其是美國的陰陽怪氣，史汀生一面說日大使出淵交到的日牒「甚為和緩」，一面又不肯發表，說此文發表要妨害「和平解決」，《紐約晚郵報》索性說「日本為一強國，我人願與之親善者！」我們鑑於國際的醜態畢露，應愈益覺悟公理正義是一套假話，我國如不思自己努力，坐待列強宰割而已。努力之道維何？在民眾方面應準備毀家紓難，人人抱定寧為玉碎不為瓦全的決心，與暴日死拚，為民族爭最後之生存，同時督促政府對日擴大作戰；在政府方面應即集其精銳，嚴陣應戰，一方面迅速出兵山海關，與馬將軍夾攻暴敵，分其軍力，藉解黑省死守健兒之孤困。

政府廣播革命種子！

我們不幸生著兩隻眼睛，更不幸而每天不得不看報；因為看報之後，對於內政外交的種種消息，非廉恥喪盡心肝滅絕，不能不難過。試就內政而言，我們覺得除「不負責」與「無是非」的六個大字外，實在苦於尋不出別的什麼東西！

旅滬吉林民眾代表胡體乾、姜松年呈南京四全大會各出席代表書，謂「東北喪亡五十餘日矣，除三千萬民眾應受其罪當其辜外，竟無一負責之人，所謂副司令，所謂省主席，徜徉平津，棲棲王府」；又謂「政府……只知敷衍求一時姑息之安，置民眾休戚國家安危於不問不議之列，民眾呻吟輾轉於水火之中，恭且敬以受貪官汙吏之宰割」；又謂「當事者良心既永不發現，國家法刑又不能加之權勢者之上，則百姓小民，除忠順作亡國奴外，又何敢有所私議？」這些字跡是血是淚，我們分不出來！然而四全大會已宣布「張學良同志」當選「中央監察委員」，以全民族的罪人，我們老百姓愚蠢極頂，實在不知道請他來監察些什麼？不負責無是非，視全國民眾公意如無物一至於此，謂非政府廣播革命種子而何？

十一月二十三日的《新聞報》本埠新聞有一段文字開了幾塊天窗，原來是「各大學抗日會致國府之要電」。我們就支離破碎的詞句中，看出所謂「生等一再思維，以為長此坐視，必致後悔無及，與其亡國為奴，不若及時全節，肉食者既鄙，當早自為謀，緣本成仁取義之旨，為清內對外之行」，並知道他們對政府的責問如不得滿意答覆，「(一)要政府交還政權與人民；(二)罷稅罷工罷課；(三)自動組織起來，反抗日本帝國主義。」該會有何充分的準備，我們不得而知，但國民憤激於國事危殆當局麻木的心理卻已盡情泄露。國事糟到如此田地，仍不願人民說話，而赫然以天窗開在報上，這不是政府積極的廣播革命種子嗎？

我們一般原無政黨組織和未有搶奪政權準備的平民，原擁護中山先生所主張用和平的政治的方法來實行社會主義，只須切實的做，無不歡迎，奈除隨處發現「貪汙」、「無能」而外，沒有看見中山先生理想有絲毫實現的蹤影；甚至在國難臨頭的危急時候，國民所聽到的只是什麼黨的糾紛云云，和國難的補救是一萬八千里的不相干！貴人大老們深居簡出，民間已經普遍的憤懣痛恨也許無從知道，記者敢大膽警告當局，政府如此積極的廣播革命種子，所恃者不過幾枝槍桿子，「民不畏死，奈何以死懼之」，民眾為自衛及衛護民族計，隨時有爆發的機會，起來拚命！

國聯無再研究之必要

國聯有意縱任日本對國際盡量的做鬼臉，說鬼話，記者在上期本刊已略加論述，最近則愈益露骨，不但縱任，白里安及列席諸國代表居然都表示「贊同」了。我國最初竟說願把中國無條件的置於國聯掌握之中，如今現出這樣的一個掌握，不知我國何以為計！

最近國聯所自詡得意的辦法是派調查團。關於這種調查團，我國代表最初就建議，但日本宣言此事有礙獨立國（指日本）的尊嚴，列國便不敢主張，到現在日本已以暴力占完東三省，可以從容掩沒暴跡以招待調查團，一由日代表建議，白里安便「深為嘉許」，「予以贊同」，各代表除我方外，均隨聲附和，此中把戲，將來結果，固為明眼人所共見，而日本更擅定調查範圍，謂「此等調查員對於既往之軍事行動，概不批評」，「該團除調查違背條約事，亦應調查反日之杯葛行為，及中國各處之反日活動」，這無異強盜殺了人，不許調查者調查盜殺行為，反須調查被殺者之慘呼與掙扎！

更醜得無從掩的，是國聯極力避免「休戰」的名詞，據說開會時「曾偶用『休戰』名詞，旋以其含義糾纏，立即拒用之」，芳澤亦鄭重聲明「東三省之軍事行動，並非戰爭」。既非戰爭，便是和平，日本暴軍和我國唯一衛國賢將馬將軍之血戰，是戰爭還是和平，謂為列國代表所不知，謂為日本所不知，天地間無此蠢貨，謂為已知而猶如此裝腔作調，如此無絲毫誠意的集團，我國還要無條件的置其掌握之中嗎?所以記者以為以後國聯實無再研究之必要了。

辟邵力子氏的狡辯

中委邵力子氏因國民對拱手讓地資敵的張學良氏被選監委一事反對甚力，乃發表談話，力為張辯護。在我們國民看來，其措辭雖狡，但只須略加思索便知其謬，試逐點辟之如後：

邵氏劈頭就說「此次日軍突占遼吉，張學良在北平，事前不及防範」，輕輕用一個「突」字和「不及」兩字，便以為可將張氏的「不抵抗」罪名洗刷淨盡，但日軍侵占東北計畫，日文各報在事前喧傳者已幾個月，早成公開的祕密，何「突」之有？張氏在事前得報，誠有「防範」，不過「防範」方法是吩咐北大營的將士速將軍械裝入庫內，以免衝突！並於臨時下令「日本人愛什麼就給他什麼」！專做「防範」的反面工夫，「及」、「不及」更有什麼關係？

邵氏又進而舉出張氏「在國家要為一種之功績」（亦邵氏語）：一是「張當十七年北伐將完成時……毅然易幟，完成國家統一」；一是「在東省種種之設施」。作表面上「易幟」，東北是否在實際上成為「國家統一」之真正一部分，所謂種種設施是否內容腐敗不堪，由借日款而抵押，而斷送，姑置不論，即認為「有相當之努力」，但功罪應分明，是非應區別，賞者應賞，罰亦應罰；拱手將國土讓人，為民族造成千萬世奇恥大辱，此何等事？辛亥袁世凱曾表示贊同共和，後來擅訂「廿一條」，做皇帝，我們也可說他前有「功績」而寬恕他嗎？

邵氏末謂「愛國之國民，當亦必以期望之意，策張氏向前奮勉」，我們誠願張氏能「帶罪圖功」，力謀禦敵，但不願他恬然「帶罪做監委」，更不願他「帶罪打高爾夫球」！

誰都沒有責備請願學生的資格

各校學生因國事日危，悲憤愈甚，紛紛入京請願者萬餘人，滬上諸同學在車站待車時，受當局多方留難，復經長時間的飢寒困苦，已艱難備嘗，十一月廿六日赴國府請願後，鵠立於雨雪之中過夜，一任風雨飢寒之肆虐者一晝夜，甚有病苦不支而倒地者，全體一心，至死不去，其悲壯哀痛犧牲義勇的精神，苟屬尚有幾希人性者，對此萬餘純潔忠誠大公無我的男女青年，必不能自禁其肅然起敬，油然興其無限的悲感和同情。記者之作此言，非謂青年請願便盡其救國的能事，但深痛於應負當前責任者之未能盡其職責，反使不該遽負當前責任者之不得不投袂奮起，此其過咎不在青年，乃在身居高位而麻木顢頇，致國事如累卵之危；使青年學子雖欲「安心求學」而不可得。蔣主席因近日各地青年學生愛國情緒至為熱烈，特手書訓詞以勖勉之，有「各盡其職，勿越法紀」，及「學生之職，在於求學」，「軍人之職，在於從軍」等語，愚意目今軍人之誠能守職衛國，我們所見的只有一位馬占山將軍，其餘的只聽見什麼不抵抗或旁觀主義，一天一天的熟視國土奉送而並不「從軍」，在此種狀況之下，欲勉強叫學生「在於求學」，如何可能？故記者承認「學生之職，在於求學」，但軍人不能保衛國土，反而奉送國土，官吏不能整頓國政，反而腐化國政，使青年不能得到可以「安心求學」的環境，這是誰的責任？

國立中央大學教授們擺足老師面孔，對全國青年發表〈告學生書〉，我初意以為有何拯救國難的高見，老師們可以代學生肩起救國責任，使學生得「安心求學」，但審視內容，不外乎嚴重時期不宜互相責難，應致力救國之知識準備云云。請問當局如能負責應付國難，誰願閒著工夫責難？數百萬里的國土奉送，數千萬的同胞淪胥，若全國默然，一任當局之麻木顢頇，將來做了亡國奴，知識何用？該書又注重勾踐滅吳須二十年生聚教訓，近日戰爭更須長時間之預備云云。《新聞報》記者在小標題上加一句「不知日人肯予我以長時間乎？」可謂要言不煩。勾踐是力戰而敗後的努力，我國目前是不戰而敗後的因循，提起勾踐，我們實應羞不可仰，勿再解嘲罷！

不能努力造成學生可以「安心求學」的環境，都沒有責備請願學生的資格。青年人冒風雪忍飢寒，成年人不自慚自己之不努力，不自愧自己之袖手旁觀而並無辦法，只知道說幾句風涼話，調幾句老調兒，記者實在未敢恭維。

金錢和奴性

聽說辦理慈善事業素有經驗的王一亭先生嘗慨然語人，說尋常境況的人對於賑款大都能慷慨輸捐，愈是擁有數十萬至數百萬家產的人，愈是一毛不拔，一錢如命，金錢和吝性所發生之密切關係，於此可以概見。其實金錢不但和吝性接著不斷的吻，並且也和奴性結不解緣。自東北國難發生以來，上海喪盡良心的富家翁紛紛把存在中國銀行的存款移入外國銀行，記者在本刊第四十八期曾經論及，當時總數不過四五千萬圓，最近聽說總數已達八千萬圓，金融恐慌愈益加甚。外國銀行不願收，存者情願不要利息，數量較多者，反而要出保管費，不惜以多量金錢讓外商利用，不管中國銀行陷入驚濤駭瀾之中，間接更予各種中國商業以致命傷，即無異用劊子手之手段戕害本國之經濟，為敵人張目，此其喪心病狂，直狗彘之不如。我們知道銀行的營業，假如收進存款千萬圓，不得不放出七八百萬圓，留著二三百萬圓作準備金，如國人不加信任，忙於提款，放出的定期款子勢難立即收回，這樣周轉不靈，並非銀行的信用不好，實是國民拆臺的行為所致。銀行界恐慌，各種工商業亦隨之周轉不靈，此種影響之嚴重可不言而喻。不但巨商而已，即常人之略有存款者，如亦作庸人之自擾，積少成多，亦足以影響金融。國存共存，國亡共苦，我們當同心協力拯救國難，共起鄙棄自私自利的奴性行為。

我們勿作夢想，以為只要有錢，即國亡後尚可作亡國富奴（當然不便稱翁），則請試看前曾存款於大連銀行之軍閥土豪，以及臺灣亡後，其巨富林姓所受之牽掣與壓迫苦況，便知「亡國富奴」之難堪而不可為。

日軍閥的匪字妙用

在自己國土內和敵人商量劃分所謂中立區之滑稽荒謬，言者已多，最近我國政府因民眾反對之激昂，已有堅決否認之表示，但還有一點易於忽略者，即日本對國聯決議草案除不許調查員報告未撤兵外，更堅持「日本為護日僑生命財產起見，對於匪賊及不逞分子活動，實行之軍事行動，不在此例」。據巴黎電訊所傳，國聯決議草案內容，已承認東省日軍有剿匪之權；又據路透社東京電訊，國聯又白謂出了巧計，謂「既可避免行政會若干會員之反對承認日本有自由剿匪權，又可使日本滿意」，據說「此項建議主張議案中與導言中皆不及剿匪事，但日代表得發表宣言，保留於需要時剿匪行動之權，行政會可記錄此種宣言，而不作正式投票」，又說「眾料日本可贊成此議，只須中國不得提出取消日本保留對案耳」。此言果確，則國聯已決心和日本狼狽為奸，我國須堅持投反對票，如國聯不付正式投票，我國亦應堅決提出取消日本保留對案。

此點之所以重要，因日本朦混國聯取得此國際保障後，對我國隨時可出其軍事行動，對國際仍振振有詞，而在我國則從此無軍事抵抗之餘地。日軍閥心目中所謂「匪賊及不逞之徒」，凡為中華民國的義民均屬之，除袁金鎧、趙欣伯、熙洽等賣國奴，在日本認為順民外，馬占山將軍乃至全中國抗日救國的仁人義士，在他們都可歸在「匪賊」裡面，至少亦應加上「不逞之徒」的徽號。且日本因曾在國聯當眾揚言中國是「兵匪不分」的，所以此後中國的將士一有衛國保民對日抵抗的行為，在日本均可得國際的保障而以剿匪為詞。

且就實際言，此次暴日侵我東北，義匪蓋三省、小白龍等屢以小隊偏鋒擾其後方，為國家民族盡其義舉，使日軍疲於奔命，其功殊偉，在日人視為「匪賊及不逞之徒」，在我國的民族立場，義匪既非以搶掠為務，而以衛國保族抗敵為職志，即為義軍。況我國果欲以實力收回失地，亦重在以小隊偏鋒作不斷的隨處襲擊辦法。且日僑所至之處，此種權利亦將隨之，我非斷送中國不止！

此點原為國際公法所不許，故國聯起草委員會曾加躊躇，謂「恐在國際法中成一危險前例，蓋人將視為凡人所視為匪者，不在遠東，亦可許剿治也」，同時對於「匪」的定義尤苦無標準，各小國反對亦烈，白里安乃聲明「此次東三省事件係屬非常性質，故理事會之行動，今後在他處尤其在歐洲，不能援為先例」。中國雖為國聯會員，國聯直不以中國為國家，我國除自決外尚有其他生路嗎？

革命政府和軍閥政府的分界

革命政府和軍閥政府的分界，據記者愚見，最低限度有兩點：（一）革命政府不欺騙民眾，軍閥政府所鉤心鬥角者唯欺騙民眾之是務；因此革命政府的外交便是力謀對外，軍閥政府的外交只是鉤心鬥角於對內；（二）革命政府辦外交是以全民族的禍福為考慮的焦點，軍閥政府辦外交是以個人的權位及其左右親戚嬖的權利為考慮的焦點。

關於第一點，國賊袁世凱擅簽「廿一條」時對付民眾欺騙民眾的手段，很可以表示此類人的才幹！他早就準備和日本妥協，所惴惴者唯本國民眾是懼。所以當他接到日本最後通牒時，雖已知日本對第五項要求可以讓步，卻祕而不宣，同時放出空氣，說這一項如何如何的厲害，政府無論如何不能接受，非絕對拒絕不可，至於其他各項，只有勉強忍受，民眾蒙在鼓裡，跟著他嚷，大上其當。在日木固大獲其利以去，在袁世凱也得保持權位，苟安過日。革命政府則應與全國民眾立在一條戰線上，應言行一致，說戰就准備戰，說不戰有何正當辦法，亦應切實公開，勿令民眾如陷五里霧中，關在悶葫蘆裡。

關於第二點，試舉土耳其和德國近事為例。土耳其革命政府成立之後，在凱末爾領導下的內閣總理伊斯美（Ismet Pasha）與英法意美俄日希臘等國開會於洛桑，遇有關土國之緊要關頭，雖以英代表刻遵貴族 Lord Curzon 之咆哮恫嚇，屹然絲毫不為動。德國總理卜魯寧赴歐參加經濟會議之前，雖以國內經濟危機已達極點，連開閣議至三十六時之久，然決定最低之標準，認為在此標準以外者，寧死不屈。以國家民族前途禍福為考慮焦點者，始有力爭最低標準之可言；在此標準之內，民族尚可力謀生存，在此標準以外，民族雖生猶死，雖可苟安於一時，終必滅亡而後已，與其坐而待亡，不如死裡求生。黑種人只須見白種人有一枝來福槍在手上，便叩首如搗蒜，自願為奴，黑奴隨處皆是，都是他們自作自受，有何話說！我們以為政府對國難中的外交亦應公開定一最低限度，生死不渝，不應敵人儘管一步進一步，我們儘管步步退讓。

國難與學潮

自國難危急以來，尤以十一月廿七八日我國向國聯提議所謂錦州中立區的電訊傳播遐邇，繼之以施肇基代表向國聯提議天津共管及外長顧維鈞向日使開始直接交涉等等電訊相隨而來之後，國人無論男女老幼，無不駭汗相奔告，其憤慨之情緒固不以青年學生為限，不過青年情感特盛，且以較有組織，易於團結行動，國難中的學潮乃愈有風發雲湧之概，故此次學潮謂為全國人民在民族意識及救國熱誠中之一種激流怒濤，未嘗不可；明此背景，則知欲解決學潮，絕不可僅注目於學潮本身，而當從根源之處作釜底抽薪之計，即在居高位而應負解決國難之責者，乃至各界領袖之應負責督促政府應付國難者，皆能肩起責任，勿令在學青年徬徨不安，憂慮國事。必從此根源方面著手，始有解決學潮之可望。故記者在本刊第五十期，對冒風雪忍飢寒之請願學生，「深痛於應負當前責任者之未能盡其職責，反使不該遽負當前責任者之不得不投袂奮起」。頗聞教育最高當局對記者此種態度頗致不滿，但記者至今仍深信學潮之所由起，乃「應負當前責任者之未能盡其職責」之反應，否則學潮何以不緊接九．八發難之後，而獨風起泉湧於兩月後外交乞相日露與抵抗一無決心之後？十一月一日朱慶瀾諸氏電顧外長詰問，顧回電猶模稜吞吐，後來各界鬧得更凶，反對更烈，學生舉動更使當局麻煩，然後政府對於中立區共管直接交涉等等始有決絕否認之表示，而關於中立區則易其名為緩衝地帶，天津事件亦隱約指係張學良所發動，如此拖泥帶水，安怪最初民眾之不懷疑與惶懼？現在政府已再三否認，我們固望其事屬過去。以上云云，不過表示學潮乃當局自己所釀成之一種反應，有不得不反省而已。

學生舉動不免有如當局所常道之所謂「越軌行動」，本月九日上海各校學生在市政府所演之一幕，似尤為當局所不滿，我們也認為是不幸的事件，但我們不當專說青年方面之「越軌行動」，同時須注意引起此種「越軌行動」之更越軌的行動。北大學生代表許洪均及中大學生代表蔣綿孫如有正當罪名證據，應由司法機關公開依法辦理，乃據滬上各報所載，竟由市黨部勾結公安局嗾使暴徒攢毆擄架，故上海各大學教授抗日會斥謂「以本市黨政機關出此綁匪行為，實屬卑鄙惡毒，達於極點」，深可惋惜。以如此之「越軌行動」引起青年之拚死命以救出其同志，青年雖不免「越軌」，我們衡情酌理，應該更嚴厲的責備那一方面？

此文將印時，得京電訊，北平學生示威團毆辱蔡元培、陳銘樞，兩氏以善意出見而學生無理至此，此種舉動則亦徒使親厚痛心，仇人快意，失卻社會同情，學生愛國運動絕不能離卻社會群眾而孤立的，我們希望大多數純潔分子勿為極少數另有作用分子而自毀。

動靜兩個方面

同時我們對於青年也願盡其愚誠，略抒管見。記者以為學生的行為有靜的方面，有動的方面。靜的方面為經，動的方面為權。靜的方面為潛心學術，就自己所專攻者加深切的研究；動的方面為當國事方面或外交方面有極重大的緊急問題發生的時候，倘遇當局顢頇，社會麻木，不得不團結起來督促當局，喚起社會。我以為當靜則靜，當動則動，尤須能動能靜，能靜能動。這怎麼說呢？請略加申說，藉傾鄙意。

每聞有人不管國事如何，只一味地勸人埋頭讀書，我未敢贊同；也有人不管實際問題怎樣，只一味地盲動亂動，我也未敢贊同。我承認學生是在培養的時代，培養時代的寶貴光陰不應虛擲；我們更應牢記救國的基本工夫在把各人養成專門的人材，作長時期的奮鬥，若各人只竊得一些皮毛，對任何專門問題平日都無切實的專精的研究，將來一遇到專門的困難問題待決，便瞠目撟舌，莫知為計。這是靜的方面的工夫。但我不贊成不顧一切的埋頭讀書，我以為如在無須動的時候，一面研學，一面仍須親切注意國事的進展，如認為有必須動的時候，便須團結同志起來轟轟烈烈動他一下。有人說學生愛國運動是沒有多大效果的，我以為只要目標看得準，時期看得準，效果也不小。例如當政府有對辱國條件妥協傾向的時候，全國憤慨，青年學子起為先鋒，民氣藉以興奮，政府即不能無所顧忌。但政府果能順從民意，努力自效，則學生方面亦可暫觀成效，蓄力待時。此即所謂能動能靜，能靜能動。

還有一點，我們也很可注意的，即在動的時候，如有愛國的實際工作可做，自當努力做去，否則即須同時顧到靜的工作。如既不上課，又無實際工作可做，而但覺煩悶，閒蕩度日，便等於精神上的自殺。中山先生終身盡瘁於革命，亦終身好學不倦，他雖在海外亡命，清廷以十萬圓購他首級的時候，多麼危險，但他總帶有新書，一有工夫即手不釋卷。後來他在國內為革命而督軍，一在戰事暫停的當兒，他就讀書不輟。他雖是學醫出身，對於政治經濟社會各方面的學識所以能那樣淵博，全是他在顛沛危難中不忘研學的結果。如果他在亡命或國事倥傯中而一如現在青年之煩悶或頹廢，束書高閣，不求學問，便無從求得新知，增長學識。他的這種能靜能動能動能靜的精神和能力，實在是我們的好模範。

嘴裡手裡

國民所希望於政府當局者，扼要的說起來，實在也很簡單，不過要求袞袞諸公嘴裡手裡能夠統一就是了。嘴裡說，手裡做，我們民眾所要求的是他們嘴裡說了出來，就是他們手裡肯去做的。嘴裡如何，是人所共聞的；手裡如何，是人所共見的；共見的和共聞的能相符，便是信任心之所由來。如果他們的嘴裡和手裡不能統一，那就儘管口口聲聲怪老百姓不信任政府，也是無用的，因為不是不信任，實在是無可信任。從前政府之未能得到民眾信任，毛病不在嘴裡，都在手裡。試稍稍復按政府歷次宣言，何一非民眾所願望的內容，例如所謂「為維持吾國家之獨立，政府已有最後之決心，為自衛之準備」（見《國民政府告國民書》），究竟最後決心為何，自衛準備怎樣，國民至今未見有事實表現；又如所謂「政府在此時期……所賴以與國與民同生共死者，唯有以公忠之決心，受人民之信託，以定唯一之人計耳」（見第一次《中央告全國學生書》），直到現在，「唯一之大計」定在那裡，也是國民所遍尋不見的天上安琪兒！

現在新政府組織在即，據所飫聞的各要人的談話，有許多確能言人民所欲言。例如關於內政則主張「政治公開」，言其方法，則主張「（一）政府組織中須有常設之人民代表機關；

（二）一切負政治責任者均不必限於黨員，唯以人才為主」，由此「集合全國人民之公意與力量」（見孫科氏將晉京時對滬上新聞記者談話）；對外交則主張「必以不喪權不辱國之精神，堅忍不拔之毅力，達到恢復領土主權之目的……至不得已時，新政府亦必下最大之決心，絕不至有負國民之期望」（見粵方委員到京後發表之共同談話）；「一方以主權領土完整為原則，一方即採用正當防衛之抵抗主義，以與周旋」（見鄒魯氏在滬與新聞記者談話）。凡此云云，尤其是關於外交方面，果能不在嘴裡，的確能在手裡，國民所求者亦不過爾爾，所望者，不僅嘴裡，並在手裡而已。欲使嘴和手統一，最要之點在有切實的相當準備。記者執筆草此文時，聞東京陸軍省傳出消息，在東三省之日軍，對於攻錦最後準備業已完畢，遵照參謀部計畫，同時前進。並聞瀋陽日當局已警告錦州華軍司令榮臻引軍入關，否則決以武力逐之。事機危迫，由嘴裡到手裡，已急不及待，他人之謀我，「最後準備業已完畢」，我國為自衛計，「最後準備」如何？

教育家的重大責任

關於青年學生的愛國運動，可分動靜兩個方面，記者在上期本刊曾略貢管見。我對於青年學生的愛國運動，始終認為是民族前途的好現象，因為此事足以表示下一世代的主角對於國事之熱誠，政事既為眾人的事，眾人肯共同監督政事，政治即有在軌道上前進的希望。不過在當前有個最大的危機伏在愛國青年運動裡面，為教育家所當注意而匡正扶掖者，即經此次激烈愛國運動以後，有兩個可能的大病：一是動後的頹廢，一是動後的驕慢。青年既為民族的元氣，安內禦外的後備軍，我們為愛護青年及民族前途計，心所謂危，不敢不告。

我們應承認青年學生是在培養的時期，即未在成器的時期，換句話說，是在培養使之成材的過程中，非即到了可以出來擔負國事或其他重大事業的時代。不過在政治已上軌道的國家，國事有成年人負全責，青年得享其埋頭讀書的清福，在中國國勢危殆政治黑暗成年人不能盡其職責的變態中，青年人的責任愈重，遇著危險的當兒，不得不起來鬧一下，使醉生夢死的當局知所警惕，使麻木不仁的社會知所奮勉，其功效原僅在監督方面，喚起方面，原為一時救急行為，有如病人臨危之打強心針，原未能即起而代執政權，實際負起治國責任，明乎此點，則青年一方面仍須時刻注意國事之進展，同時勿忘自身能力之有限，而尚有待於刻苦研究，各就天性所長作專門切實之準備。若徒怨懟於愛國運動所得結果之無幾，意志薄弱者或於失望之餘而趨入自暴自棄之一途，甚且婦人醇酒，跳舞浪漫，則思想錯誤，自誤誤國，莫此為甚。另一方面或以集團的力量，誤認為一己的功勛，從此不守規律，蔑視秩序，驕慢放肆，自種惡根，亦可痛惜，姑無論我們為群眾福利努力，分所應爾，無功之可言，且青年苟有志為群自效，尤須養成堅苦卓絕自我犧牲的精神，一掃驕慢縱肆自阻進步的障礙。

逃失錦州

我們忍痛回憶去年十一月初旬日軍大舉侵黑，對於黑軍本有滅此朝食之概，他們以黑軍器械既窳敗，軍實未充足，比之遼寧勁旅，何啻天淵，故十一月四日以重兵壓迫江橋站，原期兵不血刃，即可嚇走黑軍，不料遇著忠勇無匹的馬將軍和他的將士，以孤懸塞外數旅之眾，與強敵對抗首尾逾兩星期之久，驕恣無比的日軍竟再三再四敗績潰逃，電傳寰宇，騰笑萬國。最後日傾全軍向我總攻，巨炮飛機，掩護猛撲，我方孤軍應敵，前亡後繼，浴血抵禦，肉搏兼夜，彈盡力竭，始於十九日揮淚退守克山。馬將軍振臂一呼，奮不顧身，而黑垣終至不守，在表面上似乎「戰亦無益」（見下述電文中語），但此役之奮鬥，一可表示中華民族非劣等民族，非無恥民族，亦即尚有生存於世界資格的民族；一可愈益暴露暴日暴行於全世界，愈益顯示日本強盜行為之無恥於全世界。此非記者的懸揣虛擬，試復按馬將軍正在血戰之際，各國對我們的輿論如何便可明瞭。至黑軍之最後退守，我們國民猶加深諒者，以經過拚死血戰彈盡力竭而始出此，與自顧狗命，聞敵先逃，以國土讓人者迥異。

我們若以上述數義而想到最近東北當局於一月二日之逃失錦州，無異揖讓奉送國土，不得不深深地感覺無限的恥辱與慘痛。

我們在去年十二月三十日的報上看見一條專電，說「觀察大勢，錦州現狀，殆難久支，日軍計劃，若因攻打結果而占錦州，則將藉追擊之名，侵犯熱河，一面打山海關……則錦州孤軍，戰亦無益」，就已知道這是東北當局準備玉成暴日「兵不血刃」的空氣作用。日人常有叫我們到帕米爾高原老家去的滑稽論調，大概我們非被「追擊」到那個高原上去的時候，無須「攻打」，讓暴敵一步一步進來，因為張學良自九一八以後始終守不抵抗主義，日人亦始終未停「追擊」，是我們所共見的鐵一般的事實！

各西報大載特載日兵未到，華兵先遁，這種極慘痛的記載，在國民看來難過已極，在旨在保全私人平津地盤的張學良，雖口口聲聲說「生命亦所不惜」，盡能處之泰然，但我們為全民族的人格與前途計，是否仍任其逍遙平津，依然過他「邊防長官」的安樂生活？

生死存亡的最大關鍵

生死存亡的最大關鍵在乎對敵是否肯妥協；換句話說，在暴日侵略未止之前，我國上下對暴日是否能堅持永不妥協的態度與行為。我們做國民的人，對於素昧生平的馬將軍無所偏私，對於素無來往的張學良亦無私怨，所以對於馬則表其崇敬，對於張則難加寬恕，其故無他，一則尚能表現對敵永不妥協的精神，此精神即我們民族不至永遠淪亡的徵兆；一則始終對敵表現其所謂不抵抗主義，此種主義即可永陷我們民族於萬劫不復之深淵。

臧式毅之恭聆日人訓詞，趙欣伯對日人之婢顏奴膝，揚揚得意，袁金鎧、張景惠以及其他大奴小奴大狗小狗之趨蹌恐後，亦不抵抗主義之發揚光大而已。日本侵我東北禍首南次郎在韓京對各報記者團發表談話，謂「滿蒙問題為數十年來日本之頭痛，此次一舉解決，於心極為愉快，今後滿洲當與中國全部完全分開……內務省當局已有移民計畫……」窮凶極惡之土肥原亦作狂言，謂「滿洲問題以攻錦行動將告一段落，即入建設時期」。他們都打算從此可以高枕安臥，視中國若無人。我們全國國民若從此頹廢自棄，任敵所為，則南次郎及土肥原所謂「一舉解決」、「告一段落」，均可自詡有先見之明，而將來進窺平津，問鼎中原，未來無數的「一舉解決」、「告一段落」，並可層出不窮，一樣的順利。我們全國國民若永不妥協，隨時隨地隨事作反抗的行為，萬眾一心，至死不變，即自問最無能力者，亦可於經濟絕交方面竭其心力，則日人雖欲狂噬，亦必不能安然下嚥。我們的武力雖一時不如人，失地雖一時不能用武力即行收回，只須有此永不妥協繼續奮鬥的精神，無時無刻停其種種方面之進攻與搗亂，最後勝利誰屬，仍是一個問題。否則等於自甘斷送，自趨滅亡，夫復何言？

大演空城計

孤軍困守山海關之第九旅旅長何柱國氏最近對新聞記者大發牢騷，他說：「余近來精神上苦痛已極。語云：『慷慨赴死易，從容就義難』，余近日所受極其類是。余軍人也，職在服從上官命令，效死於疆場之上，今乃不然，既不能戰，復不能和，亦不能走，國家既無外交方針，亦無和戰方略之指示，置余於萬里長城之上，大演其空城計！余之部下愛國之心甚熱，士氣旺盛，余不敢擅自用之，乃壓抑之，消乏之，以求保地方一日之安，馬占山易作，余之地位實大不易為也。」何旅長所說大演空城計數語，可謂傷心已極。其實馬將軍所得於「上官命令」者亦始終為不抵抗（詳見本刊七卷一期〈記馬將軍〉一文），他尚能為全民族爭些光榮者，仍在不「服從上官命令」。軍人應「服從上官命令」，固為天經地義，但頂著一個誤國的「長官」，便是不幸的變態，不能以常例論。

國勢危殆至此，最可危者尤在直接應負衛國禦侮的責任，而實際卻均在大演空城計！據號稱統一後的新政府行政院院長孫科氏對首都報界談話中所說：依現今制度，行政院對中執會負責，而中執會以關於政治方針的最後決定權付諸中政會，故實際上等於行政院對中政會負責，然中政會的常務委員為蔣、汪、胡，今蔣、汪、胡不在京，中政會不能組織，故行政院無所秉承，因而外交方針不能決定云云。這豈不是當此國難危迫千鈞一髮的當兒，整個的中央政府正在那兒大演空城計嗎？

報載外長陳友仁以東北情勢益趨險惡，已擬具一種應付中日間問題之特殊計畫，這當然是我國焦思哀痛中，民眾所願洗耳恭聽的，據替他負責發表的外交常次甘介侯氏所數的一二三，一是用外交方式將暴日最近侵華情形訴諸各國代表，二是用消極的武力抵抗，三是喚起民眾為外交後盾。第二點恰與政府所表現的「特殊」事實絕對相反，第一和第三點是「特殊」的空調兒，試問事至今日，國聯反應如何，國際態度如何，豈猶毫無聞見，還待我們「訴諸」嗎？政府顢頇無能，無異行屍走肉，民眾天天在這裡做後盾，其如前面不動，後盾無所用其力量何？說句老實話，外交當局也在那兒大演空城計罷了。

從前諸葛亮大演空城計可以嚇退司馬懿，現在軍政諸公繼續不斷的大演空城計足以亡國滅種，如除演空城計外，無力演他種戲，便應該老實下臺，因為這個舞臺是和全國全民族有生死關係，不能供少數人盡作兒戲的。

兩件轟動一時的舉動

最近國內外新聞中可以轟動一時的舉動也許不止兩件，但表示與壓迫弱小民族的帝國主義不妥協而最有令人感動的奮鬥精神者，似乎只有兩件：一是韓國志士李鳳章之狙擊日皇；一是印度的抗英運動之再接再厲。

李君於本月八日晨乘日皇新年閱兵完畢返宮途中，以手溜彈遙擲日皇，因車行甚速未中，日皇驚惶異常，幾墮車下，李君當場被逮，不久將就死刑。東京當局對於行刺目的雖諱莫如深，但李君為民族復仇而犧牲，實為無容疑的事實。日併韓於一九一〇年，至今二十年，於志士安重根之後，至今日而復有志士李鳳章，韓非無人，志士的赤血肝膽背後實伏有無窮的復興運動的革命種子，但亡國後的犧牲必較未亡國前為尤大，亡國後的努力必較未亡國前為尤難，這是正在危急存亡之秋的國民所應驚心怵目，嚴重考慮的問題。

亡國後犧牲更大努力更難收效更少，印度的抗英運動也是一個顯例。甘地領導他的數十萬信徒，經三四十年的辛苦奮鬥，最後抵不住一總督威靈頓的幾道特別命令，復於本月四日被捕入獄，全印大會解散，各領袖繼續被捕。武力只有武力能制裁，甘地的非武力抵抗似近迂拙，但在已亡之後的印度，非若我國之擁有二百萬兵士而坐視敵人長驅直入者可比，乃用萬死不復回顧的義勇，前仆後繼，鬧得英帝國主義者不得安枕，此種不妥協的抗敵精神，實印度民族復興的基礎，我們只有覺得汗顏無地，那配批評？

奉送錦州的一段祕密

記者有一位極可信任的朋友某君最近親赴山海關各地考察，回滬後痛談實地察訪所得，相與痛恨東北當局之存心誤國，罪不容誅。據說山海關以東，綏中興城錦州諸地，左右皆山，有危岩峻嶺為之掩護，為日本海軍力所不及，誠能堅守，敵方進攻不易。據確實情形，錦州前之戰壕早已竣工，所備戰事材料亦頗充足，扼要以守，至少可以支持兩個月。且錦州一帶駐軍，總計不下五萬人，縱溝幫子打虎山相繼不保而退至錦州，仍可激戰抗禦；再不幸而錦州失守（與現在之不守而失，當然不同），興城、綏中亦尚有險可守。加以義勇軍已遍起東省內地，大可擾亂日軍後方，暴敵雖狠，絕非兩三個月內所能得手。況我國果能表示抵抗能力，不但可使暴敵恍然於我之不易侮，國際形勢亦將有變化，暴日未必終操勝算。日人亦知此路之麻煩，同時看透張學良念於保全實力以對內而固其平津個人地盤，暗與張氏大送秋波，派人接洽，謂東北軍如即撤至關內，則日軍允到大凌河（錦州東一車站）為止，錦州省政府亦可任其存在，質言之，即無形中實現全國所群起反對的所謂中立區計畫。張氏利令智昏，認為實獲我心，唯諾唯恐不速，榮臻遂銜張命由平返錦，令各軍於十二月二十九日起撤退關內，不料大上日本的當，當華軍撤退之際，日軍即從後追擊，奪錦州而直抵山海關。日方雖用如此欺騙手段，張氏因不敢聲張，對敵固不敢責問，對國人更有難言之隱，所謂啞子吃黃連，說不出的苦，白白地將險要奉送，欲求全國人所群起反對的中立區而不可得！全國人只知道揮拳擦掌反對什麼中立區，誰知道負有守土重責的軍人索性直截爽快地把險要拱手送敵，連中立不中立都無須麻煩了！

我們對於這種過去事實的痛定思痛，至少應得到一最大的教訓，就是只有國民的心志和力量才真在衛國保族上著想，欲求但知自私自利的軍閥官僚們衛國保族，等於緣木求魚，是絕對無望的。軍閥官僚們的精神是全注於對內而並無絲毫對外的意志；所謂對內是一面鉤心鬥角於私人地盤之爭，一面盡其欺騙民眾的能事。當東北軍無抵抗退出錦州的時候，平津各西報均載日軍未到華軍先退的新聞，張氏即遍令平津各報勿載此消息，一面宣傳日軍攻擊錦州時，我軍曾與激戰，終以力不能支而退，實際則東北正式軍隊並未對日軍發一彈，支與不支，有何可說？

激昂悲壯的東北義勇軍

東北當局所宣傳之「我軍曾與激戰」云云，卻也是事實，不過此「軍」是東北民眾自己組織的義勇軍，自動抗敵，非怯懦無恥的「軍人」所能掠美而已。自去年十二月二十九日盤山失陷起，東北義勇軍即奮勇抗敵，直至於今，再接再厲，百折不撓，截至記者執筆草此文時，東北義勇軍諸義士於冰天雪窟肉搏血戰中力爭中華民族的人格與生機者已達三星期之久，尚在繼續作萬死一生的掙扎，此種前仆後繼視死如歸感天地泣鬼神的犧牲與奮鬥，實足喚起垂死的民族精神，振作麻木的國民意志，並表示民眾武力和軍閥的私人武力實有天淵之別。

全國軍閥官僚們但知爭奪私利，誰顧國難？我們實在可以說不必對他們再望這個望那個，只有國民自己想法造成實力來救國自救，才能尋出一條生路。像東北義勇軍便是民眾實力的一種表現。東北民眾能效愛爾蘭新芬黨以野戰法對付英國的辦法，便可使暴日疲於奔命，窮於應付，永遠不得安枕。我國只須能勉持一年半載，暴敵必束手待斃。故願否任東北淪亡，其權實在我國民之手。血戰義士，效命疆場，後方同胞，更應竭其心力，予以實際的援助。除對敵之外，我們應同時用手槍炸彈對付賣國漢奸，送其狗命，雙方並進，為效必大。

本莊繁奏語中最可注意的幾句話

日關東軍司令本莊繁等最近電奏日皇的一篇文字，有兩點最可注意：一是表示對於我國東北義勇軍之畏懼；一是對於我國政府及內地抗日運動之蔑視。關於第一點，該電奏中有這幾句話：「……次者為驅逐馬占山及滿洲一切反帝國匪軍，此問題為最重要亦為最難解決者。如以兵力壓迫，則此匪軍策畫奇異，戰爭勇猛，加以地勢詳知，耐苦耐寒，以區區之關東軍，為數不逾十萬名，征滅實大難事……強思再四，無有良法。」關於第二點，有這幾句話：「支那政府久已成為呼喚不靈殘缺不全之政體。蔣介石雖甚聰明，但對國家思想，仍不健全，所謂北上收復失地，無非是臭宣傳，毫無作用者也。至於汪、胡諸子，亦皆無絲毫實力，無絲毫國家觀念者也。張學良醇酒婦人，更不足道……總之對於支那政府，實不足慮。臣等敢放言，對於支那領土，可於三月內完全占領也。次即南北雙方之反日運動，京滬較烈，表面觀之，不可略之，但實際支那之五分鐘熱血，久所公許，如帝國利用本國無知軍閥，威迫消滅之，更以重利誘惑之，不難制止也。」就此兩段內容看來，日人對於我國東北義勇軍則認為「最重要亦最難解決」，對於我國政府及「京滬較烈」之抗日運動則認為「實不足慮」，「不難制止」，其處心積慮，陰險惡毒，已瞭如指掌，洞若觀火。

這裡面尚有一要點，即日人對於我國民間的抵抗力尚不無畏意，對於政府，不但絲毫無所畏，且視為替他們壓迫消滅我國民間抵抗的唯一良好工具。此電奏中所謂「利用本國無知軍閥威迫消滅之」，即屬此意。滬上最近日砲艦蟻集，要求我國當局取締抗日運動，取消民眾抗日機關，亦屬此意。據記者所得確訊，我國東北義勇軍自田莊臺、錦西諸役，戰績昭然，日人殊覺窮於應付。日外務次官乃於上週祕密赴平，以奪取平津威迫張學良禁止義勇軍活動，張果嚇得魂不附體，已下令取締義勇軍，河北省政府已轉飭各縣遵行（明令已見於一月二十日《大公報》）。聞東北義勇軍雖因此又受一重大打擊，尚未屈伏，此真民非亡國之民，官乃亡國之官，地盤應保，國亡不恤！他們這種自私自利的心理，已被日人看得透澈無遺，所以操縱自如，可以隨意牽著鼻子走。現在國事的前途如何，全看民眾自己的力量如何為唯一的樞紐了。

甚囂塵上的絕交問題

近日我國對日應否絕交的問題，各方議論紛紜，甚囂塵上。就國際慣例，正式宣布絕交之後，兩國當先召還己國公使，將己國使館關門，將己國的僑民委託第三國照料，於是兩國間之直接政治關係，完全斷絕。宣布絕交，雖不必即與宣戰有必然的絕對連帶關係，但絕交即為兩國交戰之先聲，固為國際的常例。日本對我之橫暴酷虐，在任何自立的國家，早已絕交，故應否絕交，不成問題，不過絕交之後，日本更多一擴大掠奪範圍的強有力的藉口，我國政府有無應戰的準備與決心，是個先決問題。

記者以為日本對我採用不宣而戰的辦法，行實際的侵略，避宣戰的空名，固不言及宣戰，亦不提到絕交，我國也盡可作實際的抵抗，作永不妥協的實際的絕交（力求徹底的經濟絕交，即為最有效的利器），苟能切實辦到實際的抵抗和實際的經濟絕交，堅持不懈，義不反顧，已足使暴敵恐慌，而終不得不與我妥協，否則空言斷絕國交，於實際上有何效用，確是一個疑問。遼、吉、錦州前後以不抵抗而奉送，中央政府亦坐視不援，乃至天津事件，青島事件，無一處不表現我國當局之揖讓的精神，以如此毫無抵抗的準備與決心的政府，一面又以與日絕交的話來囂然號於民眾之前，這簡直是欺騙民眾的行為，我們國民猶聚訟紛紜的討論應與不應，豈非隔靴搔癢，白費勁兒?所以要研究應否與日絕交的問題，先要問袞袞諸公究竟轉的什麼念頭?有了什麼辦法?

創巨痛深中的曙光

（一）十九軍忠勇抗敵的重大意義 本莊繁等上日皇電奏中有「臣等敢放言，對於支那領土，可於三月內完全占領」的話。最近日本暴軍之摧殘閘北，原亦打算至多三小時必可全部占領，即其他旅滬西人所揣度，亦多謂至多八小時中國必完全屈伏。但經我國十九路軍於上月廿八日晚間十一時起抗敵以來，截至記者草此文時，固已七日八夜，而我國忠勇戰士仍再接再厲，一反常人之所預期，此在對內方面足以一掃國人自暴自棄妄自菲薄之劣根性，在對外方面，使暴日恍然於中國之未易侮，所謂「國家情感」，並非日本人的專利品，且使其他各國亦尚能明瞭中國民族之並非「習慣於潰敗與恥辱」。（英文《大美晚報》有位自署木頭（H. G. W. Woodhead）向來專做蔑視中國文字者說的話，他稱中國為 A nation accustomed to defeat and humiliation at the hands of foreign armed forces.）

（二）臨死高呼中華民國萬歲的軍士 有友人親自前線歸來，目擊受彈致命的我國軍士於臨死時高呼「中華民國萬歲！」聞之酸鼻。全國民眾苟能時刻勿忘此為全國同胞而犧牲的忠勇戰士的臨死呼聲，則於淒然哀痛肅然起敬中，必能永滅其自私自利的欲念，而能同心協力於各個犧牲自我以謀國家民族之拯救與復興。

而且這句慘呼，尤有一種極重要的意義，即我國二十年來繼續不斷的內戰，多盲目為個人地盤個人權利而戰，誰念及所謂中華民國者！這一次十九路義軍之戰，乃為國家民族而戰，為全國同胞人格生存而戰。在前線直接指揮作戰的翁照垣旅長謂「無論犧牲至何程度，必須流血到最後一滴，以保我中華國土及民族光榮」。我們希望今後我國永絕個人爭權奪利的內戰，只有「保我中華國土及民族光榮」之戰。我們永遠勿忘臨死高呼中華民國萬歲的軍士。

(三) 熱烈慰勞衛國軍士的民眾 自十九路軍奮起抗敵後，民眾方面對於衛國軍士的慰勞犒師，其熱烈的情緒與誠摯的心意，亦甚能表現民族精神之猛進。青年男女投效後方服務者紛至沓來，毀產購置運輸卡車及其他用品以資前線需要者亦數見不鮮，記者親見修理汽車的機匠吳新如君慷慨開駛卡車冒險赴前線，親見某女士揮淚加入看護。人心不死，民族亦永不死。昔人謂「哀莫大於心死」，我們可以說「希望莫大於心不死」。我們團結此不死之心，百折不撓，任何暴力，均非所懼。

奮鬥精神的表現

記者有位朋友和駐滬法國高級軍官某君友善，當滬難發生，日軍橫暴無比，華軍拚死抵抗的時候，這位法國高級軍官為中國抱絕對的悲觀，他斷言中國至多在二十小時內必須對日軍作無條件的屈伏。後來二十小時過了，這位朋友問他再有何高見，他乃不得不對具有抵抗決心和實力的中國人表示十分詫異和敬佩的意思。這位素來看不起中國的法國高級軍官所以有此「不得不」的表示，是因為我們在事實上有了奮鬥精神的表現。

暴日的萬惡軍閥不把中國人看作人類，不把中國看作國家（日本代表在日內瓦就明目張膽宣言中國不能算為現代的國家）更為顯著的事實。聚陸海空軍打上海一隅之地，今天對各國領事通告說當日可以占領，明天對某國司令面稱當日幾點鐘以前必可攻下，打了十多天，仍在相持中，而日本海軍當局仍有顏面對《紐約泰晤士報》駐申訪員說出「日本轟炸再經二日，上海地方戰事即可終止」的炎炎大言，嘴巴上還在裝硬。但據《大美晚報》記者最近所述，有一位日本軍官對他說「日兵非犧牲多許生命，不能再攻入華兵陣地」。《上海泰晤士報》亦述及日陸戰隊某軍官的話，謂「華兵之抵抗力非常強硬，猛烈之炮火加於彼等，彼等屹然不動。當其陣線為炮火所毀時，彼等即以持來福槍兵士伏於其口，準備抵抗日兵之進攻，故日兵終不能前進。」可見驕橫無比的敵軍對我忠勇戰士亦不能自禁其嘆服，這也是因為我們在事實上有了奮鬥精神的表現。我們能在事實上有了奮鬥精神的表現，素來蔑視我們的人不得不改變他的態度，乃至心目中不把我們當作人類的敵人也不得不改變他的心理。

我們遍閱西人所辦的重要報紙，其中有一部分憤慨於日本之殘暴，對中國表示相當的同情；還有一部分的心理卻頗複雜，他們所表示的心理，最重要的有兩點：一是深怕中國人真正得了勝利，他們西人的利益也將不保；一是覺得中國人終沒有打勝日軍的力量，希望日軍迅速打個勝仗，趕緊結束，免遭池魚之殃。但無論如何，他們對於中國抗日之掙扎，全是存著「壁上觀」的態度。我們能團結起來作持久的抵抗，充分表示我們的奮鬥精神，國際的態度和心理必能為之一變；否則表同情者亦將漸冷，幸災樂禍者反得下井落石的機會。終結一句話，我們要自救，根本上只有我們自己奮鬥可靠，其他一切都是隨著這個中心點繞著轉。

最要不得的兩種心理

自從身擁二十餘萬大軍所謂邊防司令長官張學良氏以不抵抗主義拱手奉送東北三十餘萬方里國土以後，不抵抗的無恥流毒竟有風行一時愈做愈有進步之勢！由瀋陽而吉林而長春而哈爾濱以及東北其地各城市，蔓延至於天津事件，青島事件，福州事件，乃至十九路軍未抗敵以前之上海事件，真是如火燎原，如海澎湃，不知所屆。瀋陽敵來而後退，錦州則敵未到而先逃遁一空，不抵抗的本領可謂又進一步，東京各報乃大宣傳其「皇軍浩蕩如入無人之境的錦州」的豪語。日前陸相南次郎軍閥去年十二月底遊其暴力所占的東三省，行經韓京，語新聞記者，謂：「錦州問題並不成問題，不值日本之一擊，張學良之軍隊設有數十萬，不足為慮。」同時日新陸相荒木於就任後發表談話，亦有「日本軍隊應有不戰而勝之權威」之語，其傲慢氣概，可謂已達極點。他們對於我國自信看透了什麼？看透了幾於牢不可破的怯懦心理。日海相最近對路透訪員聲明增兵上海的理由，謂「希望日軍到滬後，華軍不戰而退。」其心理無非斷然深信中國人是一嚇就逃者，以為全中國的軍人都是張學良的同志，全中國的土地都是像瀋陽吉林等處之一嚇人空，「皇軍浩蕩如入無人之境！」我們回溯種種，痛定思痛，應深切覺悟怯懦絕不能求全，反而招侮，要求全只有奮勇抵抗的一條路走。我們從今以後，應下決心一掃怯懦的劣根性。

但是有一點我們卻要留心提防的，從怯懦心理的圈套裡跳了出來，我們要跑上沉著奮鬥百折不撓的路上去，而不可陷入驕慢心理的另一個絕路圈套裡面去。怯懦是自絕之路，驕慢也是自絕之路。驕慢之所由來，以得勝之後為易犯，以得人讚譽之後為尤易犯。日本自一八九四年勝我及一九〇四年勝俄之後，軍備之強，譽滿全球，因勝而驕慢，因譽而愈驕慢，以「不戰而勝之權威」自豪，一旦潰敗，乃覺面子不堪！這是我們所當注意的當前的教訓。

我們要認清民族的解放工作，須恃沉著奮鬥百折不撓的長期努力。十九路軍英勇抗敵，屢奏奇功，固足以喚起垂死之國魂，振作萎靡之民氣，但我們倘若僅能隨勝利而振奮，萬一受暫時之挫折，即嗒然若喪，頹廢自棄，則民族前途仍難自拔。我們必須不計成敗利鈍，不知怯懦，不知驕慢，但知沉痛奮發。同心協力，為救國衛族而作繼續不斷的向前奮鬥，有如河流歸海，雖千迴百折必達到目的地而後已。

敵之所望與我之所忌

正在上海肆其暴虐的日陸軍第九師團長植田謙吉於本月十九日招待西報新聞記者，宣言「此次本軍行動，既非對中政府，又非對中國社會及人民，完全係單獨對十九路軍」。二十日路透社東京電訊，據說「為避免誤會起見，日政府已訓令國聯日總代表佐藤說明日本之哀的美敦書非致中國政府，乃僅與十九路軍有關」。暴日對於此點所以不憚煩的再三聲明，其用意之惡毒，實欲用其挑撥手段，使英勇衛國的十九路軍與中國政府脫離關係，與中國社會人民脫離關係，而陷於孤立的地位，換句話說，就是要打破我國全體人民一致對日的陣線。對於各國，日本又想藉此掩飾其所謂「局部問題」的痴夢，把上海戰禍和我國國難問題分作兩事。由前作用，暴敵希望我國仍無一致對日的態度與決心，仍同床異夢，各爭私見；由後作用，暴敵希望我國對於滬案敷衍了結，苟安目前。敵之所望即我之所忌，我們應有徹底的認識與堅決的意志。

關於這兩方面，我國軍民實早具有極明瞭的見解。十九路軍將領最初發出的通電，就有「為救國保種而抵抗」之宣言。「救國保種」是全國一致的民意，還是「僅與十九路軍有關」？「救國保種」是全國全民族問題，還是「局部問題」？這都是自明的事實。民眾方面對於衛國軍人之熱烈忠誠，其表現於精神上及物質上之協助者，隨處可聞，隨地可見。政府方面亦因暴日之酷虐橫蠻，達於極點，雖欲遷就，有所未能，故最近政府在言論及行為上亦均與軍民取一致的抗日態度。故全國實已站在一條戰線上，我們應竭力保持這種一致對日的態度，即作政治活動者，亦不宜在此外患急迫時期而另有企圖，否則即為破壞自己的戰線，等於助敵肆虐。

國人每畏暴日傾全國之師來犯，其實只須我能團結對外，不足為慮。日有常備軍十七師，約二十六萬人，現在東北者五師，天津一師，上海兩師（聞續有兩師來），此外在朝鮮者三師，臺灣者一師，其陸軍之調在國外者已近三分之二。日軍閥在外則壓迫殖民地，在內則壓迫平民（經濟已陷絕境，而又苦於重稅），多調軍旅，實促危機。況彼為侵略，我為救死，心理不同，勇怯自異。我國但須能忍痛苦持，實為起死回生之唯一機會，而其要點則在全國能立在一條戰線上，不屈不撓的向前奮鬥。

外報對我之新論調

東京《時事新報》上海特派員野坂三郎近在該報發表一文，詳敘日軍此次在滬失敗的理由，其中最可注意的有這幾句話：「自事變後，迄今已屆數旬……而戰況仍遲滯不能進展，在此情勢之下，大失吾人從前一戰即逃主義之期望……中國軍的精強勇猛，已見諸事實……吾國人唯記憶明治二十七八年甲午戰役之狀況與最近東北軍之無能，推而施諸上海，亦欲一舉而掃蕩之……須知中國軍中的十九路軍與昔時在黃龍旗下垂辮之清軍，絕然不同，且尤與其他懦弱卑怯擾亂地方之中國軍有別。」以上為關於我國衛國軍士之觀察。又說：「加以中國近來青年男女思想之覺悟，對於軍隊物質的精神的後援，莫不踴躍輸將……甚至閨閣少婦學校女生，亦赴兵站部工作，或在戰場慰問。此種現象，固不能與明治二十七八年之戰役與最近滿洲事變之張學良軍不戰而潰者，同日而語。」以上為關於我國衛國民眾之觀察。

倫敦《每日電聞報》於二月廿四日〈社論〉中評論上海戰事，謂「戰爭三日後之榮譽屬諸中國軍隊，其威力業已成立，較諸一般世人所預料者更為偉大，定可恢復中國乃能自衛的國家之威信。」此為該報因我衛國軍士之英勇奮發而推斷我國為有「自衛」的能力。

由「一戰即逃」、「懦弱卑怯」而為「精強勇猛」，由視國事若無與己事而為「踴躍輸將」、

「兵站工作」、「戰場慰問」，這種對於我國軍民努力衛國的一致精神的觀察，固在在有事實的佐證。我們觀於上海禍變發生之後，忠勇軍士和熱烈民眾在事實上的種種表現，實足使人奮發興起，認為「能自衛的國家」所賴的基礎即在乎此。軍民抗敵禦侮的意志與精神的一致已為彰明較著的事實，我們所當嚴厲監督者有兩件很重要的事情：（一）政府應確有誠意始終與衛國的軍民站在一條戰線上，不應再轉苟且妥協的不肖念頭；（二）不許政客挑撥造謠，以遂其湮沒事實，從中償其攘權奪利的私欲。我們為救國保族計，在目前只有一個共同奔赴的單純目標，即須嚴守一致對付暴日的陣線。政府倘圖苟且妥協，即為破壞此一致的陣線；政客從中挑撥造謠，亦為破壞此一致的陣線。無論那一方面，凡是破壞一致抗日的陣線的，都是全國全民族的罪人，衛國的軍人和衛國的民眾應聯合起來，對此兩方都加以嚴密的注意和必要的制裁，然後始能始終保全「能自衛的國家之威信」和忠勇軍士血戰抗敵所獲的榮譽。

準備長期的奮鬥

十九路軍蔡廷鍇軍長對西報新聞記者談話中，曾經說過幾句很扼要的話：「我們是為中華民族及中華民國生存而戰。在軍事方面，日本在久戰之後，也許能勝，因為它的近代戰事器械較精，但是要和中國人民作長期的奮鬥，它必失敗。此次之戰不是一朝一夕所能完畢的。中國要抵抗到底。講到我們十九路軍的將士，我們要打到最後一人和最後一彈。」

聽說蔡氏沉默寡言，堅毅勇決，有大將風度，在他不大說話的嘴裡，上面這段話卻說得要言不煩，句句有力。亞洲的中日問題，有如歐洲德法問題，恐怕非數十年乃至百年內所能完全解決，纏繞不清的日子多得很，所以此次戰事在表面上的結束也許一年半載可以暫告一段落，而實際問題的徹底解決，仍有待於長期的奮鬥；蔡軍長和他的忠勇將士此次血戰抗敵，義聲震動遐邇，不過為我們全國「為中華民族及中華民國生存而戰」開一先聲，我們全國民眾還要趕上去作繼續不斷的努力。十九路軍的將士「要打到最後一人和最後一彈」，我們全國民眾也要準備奮鬥到一息尚存，此志不懈。我們遇軍事上打勝仗，固然要奮發的繼續向前，就是打了敗仗，我們也要奮發的繼續向前，因為我們要「為中華民族及中華民國生存而戰」，必須準備作長期的奮鬥，只有向前的一條路走，無所用其徬徨，亦無所用其回顧。

而且準備長期的奮鬥，不但對外須有這樣的態度和精神，對內也要有這樣的態度和精神。如希望十九路軍打了勝仗，國內一切問題都能隨此解決，那是痴心妄想；政治問題、經濟問題、社會問題，都還要我們繼續奮鬥去力謀解決，都要用「打到最後一人和最後一彈」的精神去力謀解決。

對於國聯調查團的感想

自本月十四日國聯調查團到滬以來，關於該團的新聞，各報都登得特別熱鬧，並都發表了歡迎詞。日本是處於盜的地位，中國是處於被盜的地位，俗語有所謂「做賊心虛」，心虛的人總怕有人盤詰或搜查，我們既心地坦白，盡可聽人調查，這是我們對於國聯調查團盡可歡迎的最大理由。不過中日事件是非之所在，實為極明顯的事實，而日本在國際上之言行不相顧，當面撒謊，尤為國聯諸國所深悉。此種例證，隨意檢舉，當前即是。例如日本對國際屢次聲明尊重中國土地及行政完整，而在事實上則以暴力強占我國東北；對國聯，尤其是美國，鄭重聲明絕無占領錦州野心，乃在各國駐錦武官證明中國軍隊並無反攻行為之後，在事實上竟實行占領；滬上禍變，日領聲明市府復牒完全滿意，同日數小時後日軍在事實上竟進攻閘北；託詞保護僑民財產，在事實上卻進攻與日本僑民財產更毫無關係之內地如崑山、太倉等等，甚至以飛機往蘇州、常熟擲彈；聲言華軍退二十基羅米達即不追擊，在事實上則任意繼續進攻；滿蒙偽國在事實上明明為日本一手造出的傀儡，而卻宣言與日本政府及官吏無涉。以如此明顯的事實，倘國聯調查團而猶不能作公正的報告，便是助桀為惡，和日本站在一條戰線上，和世界的公理正義宣戰。國聯調查團諸君是否不至為經過東京時「宮女陪宴」所迷惑而蔽塞其聰明，只得俟諸未來事實的證明。

可得聊以解嘲嗎？

近來頗有人說，在此國防毫無準備全國經濟破產的當兒，日本恃其武力來侵略，無論什麼人上臺，都沒有好辦法的。臨時抱佛腳，交不出好卷子，這在事實上也許是無可否認的。但何以至臨時才抱佛腳，甚至雖到了臨時而尚不肯真心誠意來抱一抱佛腳，這是誰的責任，我們卻要問一問。政府中人動輒以國弱不能抵抗自恕，試問數年來所幹何事，何以使國防一無準備至此，這是誰的責任，我們卻要問一問。國民此時誠不能說國勢混亂糟糕至此而猶能對敵必操勝算，但國勢混亂糟糕至此，掌執政權的國民黨政府是否應負責任，我們卻要問一問。平日大撒爛汙，臨難則以撒爛汙所得的現狀來難國民，這是最無恥的不負責的心理！

我們國民此次為衛國保族的十九路軍努力於軍需上之後方工作，愈益痛心疾首於政府對國防之毫無準備。我們此次最吃虧者為戰鬥機與大砲及高射炮之缺乏，但五年來政府舉行了十餘萬萬圓的公債，經常收入尚不在內，苟稍稍減少私人之爭權奪利，而略略注意於國防設備，何至臨時狼狽至此！

馬占山血戰力竭而退守海倫（現在變節是另一事，此僅論當時事實），當時民眾雖極憤慨，但對馬卻毫無怨言，為什麼？因為當時國民確知道他已竭誠努力到了極點。最近十九路軍將士忠勇抗敵，死守三十餘日，終於援絕退卻，民眾也極憤慨，但對十九路軍毫無怨言，為什麼？也因為國民知道他們已竭誠努力到了極點。至於平日撒慣爛汙的政府，臨難雖極力多方自恕，欲得國民諒解，當然很難，不是國民不知諒解，因為只要看國民對於從前的馬占山和現在的十九路軍，便是確證；萬是政府無以得國民的諒解。

誰荒謬？

據漢口電訊，該處「警備部奉綏靖署令，七日（本月）令稽查處勒令《正義報》七日至九日停刊三日，聽候查核，有該報五日社評謂中央政府幸勿誤國殃民，言論荒謬，意存鼓惑，顯係別有用心，亟應嚴加取締，以正觀聽」。《正義報》平日言論如何，記者向未知道，但就電訊所述，該報所以被勒令停刊，是因為「言論荒謬」；「言論」所以被視為「荒謬」，是因為勸「中央政府幸勿誤國殃民」。勸「中央政府幸勿誤國殃民」而為「言論荒謬」，則勸中央政府實行誤國殃民，當為言論公正！誰是「荒謬」，記者不必下斷語，任何人都可心照不宣——除了「亟應嚴加取締，以正觀聽」的摧殘言論及民意的當道。我們痛念尚在暴敵鐵蹄下之東北三千萬同胞，及最近淞滬慘死流離的民眾，是否「誤國殃民」，大可「心照不宣」！

評中國銀行二十年度營業報告

中國銀行最近發表該行《二十年度營業報告》，除對該行二十年度之營業有明瞭扼要之報告外，復放大其眼光，對國內及世界的經濟狀況作詳慎的考察，根據統計，抉發事實，該行當局努力的精神，與蒐羅的勤奮，在在足以引起敬意。記者現在所欲貢其管見略加批評者，為該報告中最後一段所謂「世界繁榮復興之道」。

第一點是「人類心理之徹底變換」問題。該報告謂「無論世界問題，東方問題，錯綜紛紜，絕非局部治療所能解決，根本之道，端在人類心理之徹底變換。」我們承認「絕非局部治療所能解決」，也都希望「人類心理」之能「徹底變換」。重要之點在：就一般群眾說，須於現在私人資本主義的社會制度改革之後，才能「徹底變換人類心理」呢？還是就在現在私人資本主義的社會制度裡，袖手空想著靜候好像孫悟空搖身一變的奇蹟，憑空能徹底變換「人類心理」呢？記者深信，無論任何良好制度的創行，在最初必須有一個刻苦犧牲忠勇負責的集團出來為大多數民眾拚命苦幹。但就一般人說，如把社會制度的改革放在「變換人類之心理」的後面，便是倒因為果了。人人置身於自私自利的社會制度裡，如何「徹底變換心理」？

第二點是金融界對於政治責任的問題。該報告開端曾說「內憂外患之來，由於政治不良所致」，可謂切中肯綮，但在結論中卻於「必須徹底變換人類之心理」一語之後，接說「吾輩營金融業者生息於世界繁榮之中，而與東方和平之關係尤為深切，故初不視為政治問題而置諸論列之外也」，一若政治問題與金融界無與也者，其實我們試追憶蔣、馮、閻之戰，兩方精銳軍士死去三十萬人，所耗子彈可供此次上海抗日四個月之用，專耗於該次內戰之公債達四萬萬元，實預伏此次上海血戰抗日不能繼續到底之病根，其可痛為何如，而金融界間接助桀為惡，責無可辭。故今後為政府所仰望的金融界應有切實的覺悟，中國才有「繁榮復興之道」。

與努力成正比例的效果

迷信的因果報應的說法，在今日科學昌明時代，誠不足道，但效果必與努力成正比例，有一分努力，必多一分效果，這種自然的因果律，實為顛撲不破的真理，我們試冷眼靜觀，在在可以尋得事實上的佐證。最近如十九路軍忠勇抗敵一個月零四日，不幸因援絕力盡而有總退卻之舉，但其所下的努力仍有其相當的效果，實有彰明較著的事實為鐵證，而足以引起我們深長思者在。記者覺得這一點最值得我們的注意，因為我們對這一點誠有徹底的明瞭與堅決的信仰，便不至發生僥倖的心理，也不至發生失望的心理，只知道向努力的一條路上走——除了這一條，沒有別的生路。（當然，努力的方向也有種種，向著絕路努力的，由因果律的作用，多努力一分，也多走近死路一分，例如軍閥政客貪官汙吏的無惡不作，變本加厲，在他們也算在那兒努力，結果是為他們自己掘墳墓！我們這裡所謂努力，是指為民族求解放而從事的努力。）

試就最近在上海舉行的停戰會議而言，我國最初因日方打算由最高級司令長官白川擔任出席此次會議之軍事代表，所以也擬任十九路軍總指揮蔣光鼐氏為我方出席之軍事代表，不料日方於開會前一日忽而變卦，改由第九師團長植田謙吉充任，蔣總指揮乃回京不出席此項會議。這雖與實際問題無出入，但能爭得這一口氣，還是十九路軍奮勇抗敵所建立的餘威。

此次停戰會議討論到第二條日軍撤退程序一節，日方首席代表植田忽然不顧預備會雙方所定的原則，主張以東自獅子林經楊行、大場西至真茹為日軍退駐防線，我方代表以日方如此無理取鬧，當即表示退席之意，會場空氣，一時陡告緊張，據西報所載，當時我國軍事代表與日方軍事代表舌劍唇槍，殊為激昂，後經在座之友邦公使竭力勸解，日方表示重行考慮，空氣始漸和緩。我國外交代表在會議席上有這樣硬的氣概，似不多見，我國軍人對外之義勇磅礴，亦非易得。這種硬的精神，也可以說是十九路軍奮勇抗敵所建立的餘威。

至於十九路軍在國際上替我們民族增高人格與聲譽的地方，處處使我們發生興奮與銘感。我們每讀西文報紙及雜誌，講到中國，只有熱諷冷嘲，令人嘔血，但是自經十九路軍忠勇抗敵之後，他們說到這件事，沒有不一致讚揚的，最近出版的在美國銷數最廣的週刊「*The Literary Digest*」(March 5, 1932)，裡面有一文，題為〈中國對侵略者的可驚的抵抗〉(*China's Amazing Repulse of the Invader*)，所述尤詳，這一篇文裡面所撮舉的各報言論，一致承認中國在道德上精神上已獲得勝利。像華盛頓的「*Herald*」報，說得尤其鄭重，它說「中國經過許多年的屈服與不抵抗，最後如真能學習與敵抗戰，東方的全局便要基本上改變過來。」又謂「這一戰對於東方未來趨勢的影響，是難於預見，是不能預料的。」總而言之，各國素把我們視為卑劣的民族，一見我們有相當的努力，便不能自禁的流露其相當的敬畏。

十九路軍的努力還是不幸因援絕力盡而未能始終不退的，但是所得的效果已如此；倘當時能有實援而堅持——至少至三月十四國聯調查團到滬之日——其效果又何若？能禦侮的軍隊至少須打時不怕死，敗後不搶劫，我國夠此資格的軍隊，除十九路軍外，再有多少？號稱模範軍的某私人的軍隊，其已給我們民眾的印象為何如？這都是當前無可為諱的事實。我們能抗外侮的軍隊只有這些，所以所能獲得的效果也只有這些。我們不能說滿意，也不能說不滿意，因為我們要想到效果與努力是成正比例的：幾分努力，只有幾分效果。

十九路軍努力的經過與所獲的效果，都是擺在我們面前鐵一般的事實。我們誠能不忽視這種事實而加以深切的推闡，便覺外患並非國家的致命傷，內部政治之黑暗與社會之萎靡，實握民族前途的命運。事至今日，幾於人人的心理上都隱然有「悲觀」兩個字。這種悲觀之所由來，其原因有二：一為僥倖的心理，即欲於未曾努力中求效果；一為失望的心理，即不知道或不注意效果必隨努力而來。

候補傀儡的名望家

據大連《滿洲報》（日本報）三月廿一日所載消息，泄露各國僑民有企圖以上海為自由港之陰謀，其計畫大綱中所已決定的幾項中，第一項是「以上海為中心二十基羅米突線內為自由港之範圍」，第二項即「推華人名望家任市長」。我們曾經聽見各種專門學術各有其受人推崇的專家，不料「名望」而亦成「家」，更不料有人覺得所謂「名望家」尚有備人牽著鼻子把祖國國土拱手奉送和無惡不作的妙用！

這種手腕，日本人最擅長。他們利用東北漢奸趙欣伯，在事前千方百計把他造成東京明治大學的法學博士，便是先把他造成所謂「名望家」，然後牽著他的鼻子走。此中經過，頗有一段趣史。趙欣伯幼時在北平一家剃頭店裡當學徒，那時他如能始終其事，有一藝之長，倒是一種有益社會的職業。後來他不安於本業，易名劉笑痴，學做文明戲的戲子，又不安分，和一個官僚的姨太太淫奔到大連，充日本警察的偵探，獻媚手段大得日人歡心，日本當局即於民國五年出資令赴日留學，同時充偵探中國留日學生的職務，留日學生愛國運動每有開會，他以留學生資格無次不參加，無次不將祕密報告日當局。他雖在東京明治大學報了名，從未上過一次課，民國十五年，明治大學校長橫田氏向教授會建議給他以法學博士學位，諸教授為之大嘩，後經橫田詳加解釋，謂趙得博士銜頭後，在中國可在政界青雲直上，可大為日本利用，眾始默認。如今在日人心目中固已躊躇滿志，自以為盡量利用了他們所一手造成的一個「名望家」。

最近日人之極力利用馬占山，上期本刊瀋陽通訊曾提及，他們很得意的聲明：「馬占山為中國人一致崇拜之英雄，此次即選為軍政部長。」記者正在握筆草此文時，又適接到一位讀者由瀋陽寄來的一本「建國慶祝紀念」冊子，是由東北日人指揮下的「自治指導部」所出版的，裡面有各位漢奸的厚臉，關於「馬占山氏略歷」，劈頭就說「由於北滿大興之一戰，一躍而為救國英雄，稱為東洋拿破崙之馬占山，現已任新國家黑龍江省省長矣」，日人得意洋洋的氣概，活躍紙上，以為又大大的利用了一個「名望家」。

日本人並未曾想到法學博士是一事（姑不論是未曾上過一次課的法學博士），賣國又是一事；曾經「救國」是一事，後來靦顏事仇又是一事。「名望」之可否稱「家」，姑置不論，即算有了「名望」，即算「名望」是為人所推崇的東西，一旦藉「名望」而作惡，其遭人厭惡，受人鄙棄，較之未嘗有過「名望」者更加上千萬倍。

中國究竟想不想翻身？

奉送東三省，是數年來政治黑暗，尤其是內爭不息所促成的惡果，要剷除這個惡果以拯救垂危的國家民族，國人應放大眼光，從今以後積極準備國防，勿釀內戰，則三五年內東北所激成的世界大戰——至少為日美俄大戰——正是我們有比較的充分準備以完全恢復國權的機會。倘若再醉生夢死的唯私人權利是務，則大難臨頭，任人宰割，其結果必完全一如今日毫無準備抗禦暴日的現象。中國究竟想不想翻身？我們全國國民要時刻不忘的問一問！

據東京四月一日電訊，日本已承認蘇俄預備對日戰事，謂「日官場昨發布告，承認俄對日作戰準備，並已證實，謂俄自西比利亞至滿蒙交界，前線布置防禦工程，並招募工人二千人，在滿邊建築永久之炮臺及其他各項軍事工程，作長期戰爭之用，在海參威一帶，據領事報告，亦有同樣之事實，正在積極進行中。」同日莫斯科電訊，謂「蘇俄航空與化學國防會中央執行會，刻在莫斯科集議，今日要求以會員一千二百萬人受嚴格之軍事訓練，演說者皆切言蘇俄聯邦現有被攻之虞，故應加緊軍事訓練，會員若干兆人應從事積極準備云。」四月一日紐約電訊，美海軍上將威爾利（Henry Wiley）公開宣言，「遠東現狀，使美國只有兩條路走，要未盡棄其西太平洋的地位，將利益讓給日本，要末準備必不能免的戰爭」。同時日更積極擴充空軍，在橫須賀設海軍航空所，增造戰鬥機。

我們要大聲疾呼地問：「中國究竟想不想翻身？」

與眾共棄之漢奸

上海各團體救國聯合會因閘北有漢奸胡立夫、汪度、常玉清、程希之、姚五、李飛等，勾結敵人，組織所謂「閘北地方市民維持會」向市民勒收規費，為虎作倀，特通告全市民眾，斥謂「此等漢奸匪唯幹犯法紀，實與我全民眾為敵……人人得而誅之，上貽其祖宗歷代之羞，下貽其子孫永世之辱，我全市民眾，對於此等奸賊，不應視為普通案犯，僅以旁觀態度，聽軍警之緝拿，無論識與不識，均應嚴密注意，隨時採用適當有效之處置，以懲奸惡……遇有此等奸賊行為，應即大義滅親，父不以為子，兄不以為弟，妻不以為夫，立時宣示其罪惡，而與眾共棄之，民族存亡，胥繫於此。」

尋常團體宣言，多空泛而不切實際，上面所引的幾句話，可謂要言不煩，義正詞嚴。社會制裁力之嚴厲，原可濟法律制裁力所不及，閘北漢奸狐假虎威，法律也許一時不能制其死命，而戚屬朋友，乃至隨處可遇之公民，苟能明大義，重羞恥，隨時隨地予以制裁，則彼等雖備極凶橫，無處容身。例如自居會長之胡立夫，聽說就是南京路五龍池浴堂的老闆，大家從此不去洗澡，便無法「維持」。罪大惡極的畜類行為，各國都有，並非我國的專利品，但這種畜類在各國所以不敢於光天化日之下大現妖形者，就在乎社會制裁力之嚴厲。

滕烈士之身後淒涼

漢奸之所以令人痛心疾首，與眾共棄，其罪惡在賣群自私；在相反方面，有不顧一身而為群眾效死者，其可欽敬亦超越尋常，群眾之所以報之者應何如，乃愈值得我們的鄭重注意。

吳淞炮臺滕參謀長以身殉國，遺有老母寡妻孤兒，身後淒涼，令人酸鼻。據滕夫人楊佩瑤女士所泣告，謂滕烈士名久壽，號祺之，貴州江都縣人，年三十三歲，在吳淞要塞司令鄧振銓部下，任職三年，二月四日上午十時左右日艦轟擊吳淞炮臺，彈中左膀，隨身護兵請暫退避，烈士憤然叱道：「我輩軍人負有保國衛民之責，速還炮殺敵，退者立斬。」話猶未畢，不幸右腋又中敵彈，轟去右手，炸片洞穿胸腹，炮臺雖得保存，而烈士竟粉身以殉。家有老母八十一歲，寡妻三十歲，長孤十八個月，遺腹次子將屆兩月，一家孤寡，後顧茫茫。我國此次抗日之戰，躊躇赴援而保實力以自圖將來私人權利者，比比皆是，國民無絲毫力量治其罪而置於死刑，奮勇禦侮以身先士卒而一蝢不視者，其身後慘狀，乃一至於此，倘社會再無同情之表示與實力之拯援，是何異於獎惡貶善，滅絕是非？記者以為滕烈士之慘狀，僅為此次以身殉國者之一例，我們應督促政府對於此次陣亡軍士均應有特優的撫卹辦法。以我國歲耗收入百分之八十以上以養二百餘萬為私人爭權奪利的工具，今能以身赴國難者僅為少數的少數，應受特優撫卹，所謂「天公道地」，政府實責無旁貸。

招待孝脫上尉的母親

為正義而死的孝脫上尉（Lieut. Bob Short）的母親有將於本月十九日到滬之訊，聽說本埠各團體聯合會已籌備招待。我們對於這位為人類正義而犧牲的飛行家，應致其無限的敬意，對他的母親作熱烈的慰藉與招待，即間接表示對於孝脫上尉的無限敬意。所以記者覺得這件事比流汗奔走招待國聯調查團有意思得多！

孝脫上尉精航空術，在滬見暴日以戰鬥機殺我平民殘虐無人道，義憤之色時流溢於言表，二月二十一日忽駕機至江灣轟日軍戰鬥機，碎其一，二十二日聞敵機在蘇肆虐，乃以一機與日機六架痛擊，以一人兼駕機與開槍之勞，從容應付，敵機陣線屢為衝亂，無一日機不被其彈傷，碎敵機一架，並殺其駕者，直至子彈告罄，日機乘勢圍攻，乃以身殉，年才二十七歲，其義烈實為我國民所永遠難忘。蔡廷鍇軍長聞之震動，親致書其母慰唁，謂孝脫上尉實為人類正義而死，非僅為中國抗敵而死，語甚誠摯。日本此次未嘗無陣亡的軍士，但徒作他們本國軍閥的工具；我國軍士與民眾的犧牲，乃為抗禦強暴與維持正義而戰，實與孝脫上尉同一精神，故對孝脫上尉尤致其深厚的同情與悲惋，對其賢母尤當盡其誠摯的招待與慰藉。

一群可憐蟲

不久以前，閘北漢奸胡立夫等在暴日庇護之下組織所謂「閘北地方市民維持會」，我們曾在《大陸報》上看見這位胡立夫昂首挺胸，兩邊站著四個「警察」的威風凜凜的相片，得意得什麼似的！但是本月十一晚間六時許，該漢奸等正在偽會所內晚膳之際，忽來日軍總司令部武裝日軍六名，聲稱奉令前來解散該會，當時大小漢奸等正在狼吞虎嚥，突聞變化，有如晴天霹靂，紛紛四散奔逃，抱頭鼠竄而去，頃刻之間，前後驕慢與頹喪情狀，大有哭笑不得之概！

據哈爾濱來訊所述：溥儀不如俘虜，偽執政府大權總攬於所謂總務廳，廳長為日人駒井，其威權直凌駕執政府國務院而上之，凡欲謁溥儀者，首須將姓名履歷，求見之原因目的，詳細書明，經駒井審核，不准者批還，幸邀准則定期延見，見時有四日人在溥側嚴重監視，其中有一人舉手，無論賓主談話畢否，須立退，否則賓遭斥逐，主被面唾！溥居室外盡日憲兵，屋中均安播音機，一舉一動，外人悉知，溥求以眼淚洗面而不可得，據馬占山電國聯調查團所報告，溥憤而服毒自殺者三次，均被日人覺察解救。所謂國務總理鄭孝胥，因爭禁衛軍事，被駒井掌頰，現已遇事噤口。所謂國務院祕書長鄭垂，初表示「滿洲國」欲練兵若干，自嘗過槍尖滋味後，亦若仗馬寒蟬，不敢開口。

當日本併韓的時候，該國有若干糊塗官吏和人民反欣然慶幸，以為一轉瞬間即可廁身一等國民之列，直至亡後，始知奴隸生活之可憐。吾友耘愚先生去年遊歷至朝鮮，屢次目擊一日警頤指氣使，一群韓民即不得不俯首帖耳垂手恭立如羔羊，悽慘之狀，不忍卒視。我國之已露臉和未露臉的漢奸，在最初亦何嘗不思僥倖借仇敵的庇護而飛黃騰達，攘權奪利以驕儕輩，而實際則無以異於芝加哥大殺牲場裡正向著殺戮用的機器前面一步一步的走入死路的牛羊！牛羊本身受戮，僅及其本身，賣國漢奸則並永貽其慘禍於後代的子孫，直牛羊之不若！西諺有所謂「不自由，毋寧死！」誠以不自由之慘苦，較死為尤難受，而一個民族亦必須有決死以爭自由之心，自由乃為有望。無論是自願做漢奸，或是被迫做漢奸，其為民族千萬世的罪人則一。

馬占山反正

使全國大失所望的馬占山現在通電反正了。當他在嫩江之役，正在血戰抗日為民族爭人格的時候，本刊曾竭其綿力，應本刊之提倡而慷慨輸將者遍於國內外，後來眼巴巴地看他降敵事仇以自辱其身而辱及整個的民族，我們自己覺得上當而又累無數熱心同胞上當，中心歉疚，莫可名狀。但愚意我們仍不可因此灰心，故在本刊本卷第十期裡論及此事，說過這樣的幾句話：「無論何人，能為民族爭人格爭光榮的時候，我們就盡我心力去贊助他；無論何人，一旦人格破產害國辱族的時候，我們就加以嚴厲的制裁；這樣正見是非之所在，公道之所在。」如今馬占山反正了，我們還是可以用這同樣的態度來對待他。他以全世界稱為中國「全國英雄」(national hero) 的資格，忽而降敵事仇，貽羞民族，罪不容誅，原是一件極慘痛的事情，但能中途反正，總比黑心到底為可嘉，倘能從此努力抗敵，實際做到他通電中所謂「此後不斬樓蘭，誓不生還」，我們民眾也應當許他將功贖罪。他往日之降敵事仇，傳播世界，固貽民族以莫大的恥辱，但此後如能轟轟烈烈再幹一番抗敵救國的事業，也未嘗不可傳播世界，一新耳目，所以他的功罪還須看他以後的實際行為如何為斷。

僅就目前說，他給日本的一個打擊，卻已不小。日人原想盡量利用馬占山，所以很得意的向國際宣傳，說「馬占山為中國人一致崇拜之英雄，此次即選為軍政部長」（見日人在大連辦的英文《滿洲日報》特撰〈告來華國聯調查團〉一文），現在馬占山逃出「地獄」之後，把日人的陰謀向國聯調查團盡量揭穿，該團已作為重要材料，日人已著了慌！當記者執筆作此文時適得日內瓦電訊，國聯亦得到馬的三千字的專電，說他利用偽國黑龍江主席及軍政部長的地位，對於日本一手製造偽國的陰謀，洞悉無遺，簡直打著日本一個欲哭無淚的耳光！

濫用與搜括

馮玉祥氏於本月十二日電行政院長汪精衛氏謝卻贈款電，於「冒昧上陳，款不敢領，謹謝之至，並謝介石弟臺」以外，有幾句很厲害的話，他說：「外患日深一日，人民日苦一日，吾人之用度不可不特別撙節。年來國家財政之困難已達極點，日以發公債增稅目而度日，其原因固多，而大半因出於不為民生之建設，半出於百萬數十萬之隨便贈人。如是則得款者以為來路太易，而有隨便揮霍之舉，致成今日之奢風；贈款者得來時不免錙銖必較，竭力搜括，致成今日不堪之政治。每觀人民之痛苦，官吏之奢侈，實為痛心萬分……」馮氏本身為人如何非此文所欲置論，但他所說的這幾句話，卻是老百姓所要說的話。

中國的老百姓不能算吝嗇，只要看五年來不過占民國成立以來四分之一的時間，而公債所搜括者卻達二十年中四分之三的部分，倘若搜括來確為「民生之建設」而用，雖暫時「痛苦」而無憾，毛病不在「用」而在「濫用」。就近事言，例如最近蕭德義士（即孝脫）為我國爭正義而犧牲，政府贈賻蕭母十萬元以作養老之費，我們固認為是應該用的（當然，我們還希望政府對於本國的無數蕭德的身後也應該有切實的撫卹辦法）；但像把「考察實業專使」來應酬卸任的孔祥熙氏，這一類「贈款」式的「白相」費卻是濫用的。孔氏親語國聞社記者，謂

「……茲以在野之身，遂決心赴各國遊歷，以養身體，並考察實業，而中央聞訊，遂以考察實業專使名義付予……」記者非謂實業之不重要，亦非謂各國實業之不應考察，但必須有實益於國家之整個計畫，確以整個計畫中實際需要為出發點，而不應以國帑支出為應酬私人之用。根據孔氏所自白，可見中央對實業考察必非預先有何計畫，不過「聞訊」而知道他要「遊歷，以養身體，並……」，便「付予」這麼一個舒服的差使，我們不知道這與從前張孝若的考察實業專使，徐樹錚的考察實業專使有何區別？那是軍閥時代，現在不知道是什麼時代了！私人的「遊歷」和「養身體」而亦累及民脂民膏所造成的國帑，是否濫用，我們實無法換用別一種說法！尤其是在今日民窮財盡的時代。記者絕無意重視孔氏的這一件事，因為他這一件事不過是「濫用」的一個例子，而且是「隨便贈人」中之小焉者，我們所反對的是諸如此類的濫用，因為「濫用」乃不得不「搜括」，「竭力搜括」以應付「濫用」，而民生遂愈陷入苦境。

國民黨與中華民國

汪精衛氏於上月二十五日在紀念週報告中說過幾句很引起一般人注意的話，他說：「他們（指何人見下）第一步要打倒國民黨，第二步就連中華民國都要打倒，因為中華民國是國民黨所做出來的，這便是民國以來一班官僚政客的聯合戰線。」又說：「如果沒有國民黨，就斷斷沒有中華民國。」又說：「政府因有內部的種種糾紛，以至未能將協助人民籌備自治的工作做妥，所以政府因此而延長訓政，是有理由的。」平心而論，國民黨的前身是同盟會，推倒前清而成立民國，是由於孫中山先生所領導的同盟會之努力，就此義而謂「如果沒有國民黨，就斷斷沒有中華民國」，未嘗不可通，我們對於諸先烈為此事而犧牲之慷慨義烈，尤不能忘。但是有一要點很值得我們注意的，就是諸先烈之捨生取義，絕不是為黨而犧牲，乃為藉黨的主義與工作之有益於全國同胞而犧牲。倘黨所「做出來」的中華民國不過是掛上一塊空招牌，而在實際則全國民眾所受的痛苦無異於未掛新招牌之前，或甚至更較前痛苦，則諸先烈在天之靈而有知，必痛哭流涕於後繼者之不肖，對全國同胞正覺其歉疚於無窮，絕不忍以「所做出來的」傲然自得。這樣說來，國民黨之應否「打倒」或受國民的擁護，其樞紐應以國民黨在實際上的工作是否有益於中華民國為轉移，是否有益於大多數民眾為轉移，而不應以「中華民國是國民黨所做出來的」為標準。倘若國民黨的實際工作誠在救我民族，自為全國民眾所信仰，我們民眾不但不願打倒，且願竭誠擁護；倘若國民黨的實際工作不過是掛羊頭賣狗肉，我們民眾不能承認打倒國民黨就是連中華民國都打倒。總而言之，我們民眾所要問的是實際工作——有益於大多數民眾的實際工作。

即就「訓政」一端而言，其實際工作如何，黨國要人自己慨嘆者已多，不必我們多說；「種種糾紛」，只有問黨內所稱為同志者，與一般民眾無與。就民眾的立場說，訓政也好，憲政也好，所要求者是實際的工作與效果。有名無實的訓政和有名無實的憲政都不是我們所要的。

中國小貓冒險出關

法國的怪傑克勒滿沙徽號「老虎」，法人又稱他為「勝利之父」，為歐戰時手腕剛強才氣縱橫的法國總理，曾著一書，名《勝利的偉大與悲哀》，以其中多臧否當世人物之作，故預囑在逝世後始准發表，其中述及巴黎和議時各國外交家的態度，屢稱我國代表顧維鈞氏為「中國小貓」，當時顧氏為力爭山東問題，在會場中屢有激昂辯論，克氏頗為心折，而既自居「老虎」，竟以「小貓」喻顧，殆仍不失其自負的心理，一時傳為佳話。這隻「中國小貓」，記者向未見過，不久以前，他在滬代表國府招待國聯調查團，曾在滄洲飯店約各報記者茶敘，我始得機會和他一見，對於他的外交政見，我們雖未能盡表贊同，但是他的態度鎮定從容，思想有條不紊，言辭清晰明瞭，我們都覺得他確是我國外交人才中不易多得的一隻「小貓」。

我們對於他的外交政見雖未能盡表贊同，但是他這次為國冒險出關，雖受日本及其所嗾使的偽國加以種種恫嚇，而仍能從容談笑，視若無睹，雖為分所應爾，但在國人方面卻應加以相當的敬意，為挺身努力國事者勸而為顢頇怯懦者戒。

日人所嗾使的東北叛徒，拒顧謬舉之無所不用其極，可謂醜態畢露，初則僅言「拒其入境」，繼則竟言「下令通緝」，而日人復在報上大造其「不安全」的空氣，謂「安全二字是相對的而非絕對的，觀於日本財政界要人之數遭暗殺，則日本雖與調查團周密之保護，難保團中之任何一分子，絕對無不測事件之發生」，以對方之素來無賴，無所不為，不知名譽為何物，此種危詞聳聽，雖屬意存恫嚇，而實際危險實非不可能的事情，在此種情況之下，顧氏猶能毅然就道，從容應付，置個人生死於度外，至今尚在艱窘危境中，實足以引起我們的敬重和繫念，同時也更使我們感覺強暴所給予我們的痛苦。

喪權辱國中的喜氣洋溢

據報載當張似旭（代郭泰祺），岡崎（日公使館祕書），白克朋（英使祕書）等三氏攜歸重光在醫院中簽過字的《停戰協定》到英領署後，舉座歡然，英使即首舉香檳祝中日兩國和平之實現，全場喜氣洋溢，我方情報司長張似旭氏亦起立致謝，謂「此次停戰談判，因諸君不倦的努力，及熱忱的合作，得達成功之域」。羅外長亦不以關於此次《協定》「外間頗有非議者」為然，謂「日方最初要求駐兵範圍，甚為廣闊，迭經爭議，乃縮小暫駐地點……交涉經過，實已智窮力竭」，亦頗露躊躇滿志之意。汪蔣慰郭氏電，亦有「認為力持大體，不辱使命」語，亦認為可告無罪於國民。除活該犧牲的民眾外，在官場方面大有喪權辱國中喜氣洋溢之概，外人喜氣洋溢不足怪，日人喜氣洋溢更不足怪，至於我國始終高唱絕不簽喪權辱國條約的官吏亦喜氣洋溢，這是最可痛心的一個現象！

關於此次《停戰協定》的內容，翼公先生在本期已有一文作分析的研究，其為喪權辱國的條約，實為百喙莫辯的事實，據日方所傳，除《協定》正文外，會議錄中尚有三項諒解：一為取締抗日條件，二為十九路軍換防，三為浦東及蘇州河南華軍不駐兵條件。又據五月五日上海《每日新聞夕刊》（日人報紙）所載，出席此次會議之日方軍事代表田代參謀長向該報記者亦有相類的談話。凡此可疑之點，姑置不論，即就《協定》本文而言，以本國國土而承諾敵軍作無限期的駐紮，以在本國國土內的本國軍隊而承諾須受敵軍限制其行動，僅就此兩點說來，無論如何巧為曲辯，何以免於喪權辱國的罪名，日軍之允完全撤退，謂須俟所謂「常態」之「恢復」，而如何始為「常態」之「恢復」，須完全由彼自主。故自從中日兩方代表簽字《協定》之後，日軍從事建築營房，準備長期駐紮，反趨積極！關於我軍行動，雖有我方代表臨時聲明「並不含有任何限制」，但試問在《協定》本文明明載著在「常態恢復」與「未經決定辦法」以前，我軍必須留駐現在地位，所謂「常態恢復」及「決定辦法」究在何時，「辦法」之內容必須如何始能得日方滿意，如此而猶謂為「並不含有任何限制」，除自己騙自己外，究作何解？

以平常無時不在撒爛汙中的政府，有此《協定》，固猶恃十九路軍一時死抗的餘威，觀日軍當局再三憂慮南市浦東有駐軍，其膽寒可想，但協定內容之仍不免於喪權辱國，則為鐵一般的事實。全國上下必知此之為可恥，而後始有雪恥的時候。

溥儀失卻好機會

馬占山於反正後曾致溥儀一電，勸他「俟調查團到達長春，於接見之時，將日人壓迫我公及組織政府之非出己意各種情形，據實詳述，一方面請求該團保護我公出國，如是則日人於國際監視下，斷不敢加害我公……即使虎口不易幸脫，而因此犧牲，我公英名亦千秋萬古，永為後世欽佩」，這實在是一個極好的建議。

據西報所載溥儀被土肥原派兵數人在天津寓所挾走旅順時，限立刻跟著滾，雖妻子家人吞聲飲泣，不獲追隨，其慘狀可想，馬占山致調查團電文，曾謂「溥儀嘗於途中屢次以藥自殺，均為監視之日人所發覺而阻止，求死不得」。又謂「本莊繁來長監視溥儀就職，預令溥儀必須恭往車站迎迓」。聞調查團於本月三日晤溥儀時，六日人立溥側，溥除述駒井預撰之歡迎詞外，未敢添一語，李頓等乃信溥為真傀儡。其實傀儡可恥，自願為傀儡尤可恥，溥儀處「求死不得」，含垢忍辱無復生趣的境遇中，誠能於調查團晤見之時，放膽痛述，置生死於度外，一方面可以更暴露日軍閥之醜於世界，一方面即不獲生，亦得死所。常語謂死有重於泰山，有輕於鴻毛，溥儀即以藥自殺於途中，日人仍得捏造事實以自飾，死得不明不白，何異於鴻毛？對調查團激昂慷慨而死，為眾目所共睹，必足以寒敵膽而為自己爭回人格，死實重於泰山，乃不此之務，而伈伈俔俔扭扭捏捏恭讀駒井所預做的歡迎詞，我們乃不得不慨嘆於求生固不易，欲求死得其所亦大非易事。

逐個擊滅策略

東北抗日將領馬占山，丁超（中東路護路軍總司令）、李杜（吉林自衛軍總司令）、蘇炳文（馬占山屬下的英勇善戰的旅長）曾於本月十三日聯銜通電，略謂倭寇自九一八以還，對我迄用逐個擊滅策略，現又移在滬軍攻吉、黑，望當局速下決心，舉整個應付，否則縱使東省健兒奮鬥十年，人力物力並盡，何救於亡國云云，語甚沉痛。日於上海獲得《停戰協定》後，即調陸軍第十四師團往東三省，對付關外義勇救國自衛各軍，且緊接在榆關備戰，其盡量發揮逐個擊滅策略，已有事實上的佐證。最初馬占山血戰於嫩江，南方軍政當局但作壁上觀，平津尤力求俯首妥協，間接即無異協助日方集中軍力以抗馬；後來十九路軍死抗於淞滬，平津固依然優遊閒暇，南京且為日方駐寧海軍購買食糧用品，間接亦無異協助日方集中軍力以抗十九路軍。謂當局有意助日，絕無此理，但為私人保護實力以保護地盤問題，為互相猜忌而注其眼光於對內問題，以致無意中實等於盡量協助暴敵發揮其逐個擊滅的策略，則為事實所昭示，而無從為諱。已往大錯，既已鑄成，未來補救，應知殷鑑。東北義勇軍與衛國將領之奮勉赴義，視死如歸，政府是否仍將重蹈已往的覆轍，坐視暴敵之集其全力以「逐個擊滅」，這不僅有關東北存亡，實與全民族的前途有密切的關係。

行政院長汪精衛氏於本月九日在舉行五九國恥紀念會時，提起國難，說「無論在那一處地方，如日本來攻擊，我們便抵抗；如日本停止攻擊，我們便罷手」，他認為這是「這一次政府的政策」。我們以為如果日本僅僅「停止攻擊」，「我們便罷手」，固然不失其為政策；但是如果日本於占據了我們國土之後才「停止攻擊」，我們也「便罷手」嗎？這樣說來，日本現在已占據了東北的國土，在日本只須我們服服帖帖的放手，他巴不得要「停止攻擊」，實現為日本人而設的「和平安樂之地」（侵我東北禍首日前陸相南次郎的話），「我們便罷手」嗎？這樣的「政策」，徒然使暴敵獲得良好的機會，再接再厲的盡量發揮其逐個擊滅的策略。在這樣「政策」之下，日本遂得以源源而來的全國軍力，在一時期對付孤立無助的馬占山，在另一時期對付孤立無助的十九路軍，現在又以此伎倆對付孤軍死守榆關的何柱國，和準備「人力物力並盡」的東北義勇軍及東北抗日的諸將領。我們以為政府應把「政策」痛改一下，全國民眾亦應盡其「人力物力」以助前仆後繼為國效死的將士。

獨裁與雙裁

「獨裁」這個名詞，我們是常聽見的，此外我們僅聽見有所謂「雙簧」，「雙裁」似乎還是一個新創的名詞，這個新名詞的「版權」似乎應歸於孫科氏。孫氏最近曾對新聞記者說過這樣的幾句話：「汪等一部分國民黨人參加政治，不能謂民治已實行，只可謂『雙裁』而已，獨裁固反對，雙裁亦不承認也。」大家都知道現在是汪蔣合作時代，孫氏所謂「雙裁」，大概是指汪蔣而言；所謂「獨裁」，大概是指蔣氏獨攬大權時代而言。「裁」字的意義，本是裁剪衣料製衣，故製衣者有裁縫之稱；又有斷決之意，如所謂「裁奪」，意即加以量度而斷決其可否。依前一種意義而論，做「裁縫」的只要不辜負請他製衣的人的委託，不偷料，不專偷顧客的衣服給他的家裡少數人用，我想無論他「獨裁」也好，「雙裁」也好，顧客固無所用其反對。如以政府比裁縫店，人民比顧客，則孫氏固亦可算做過裁縫店裡的一個夥計，我們人民所注意的是他到底做過幾件好衣服給顧客穿，穿得滿意而去，此外便不必問，也無須問。

就第二義言，即所謂「裁」者是「加以量度而斷決其可否」，只要是把大多數民眾的利益為「量度」及「斷決」的標準，不是為自己私人的狐群狗黨乃至狐親狗戚的權利為「量度」及「斷決」的標準，有實際的成績給民眾看，「獨裁」固無須「反對」，「雙裁」固亦未嘗不可

「承認也」！所以記者以為現在「裁縫店」之所以一團糟，在乎「裁」之內容使人失望，「獨」或「雙」倒沒有多大的關係，如果換湯不換藥，「多裁」也是不了，因為「顧客」們還是一樣的吃虧！

掌熲罰跪的市長

身居偽國務總理地位的鄭孝胥，曾因替溥儀爭禁衛軍事，被偽國務院總務廳長駒井掌熲，以後便遇事噤口，以日人乾的總務廳長，便可隨意掌熲本院的國務總理，其專橫可見。但據最近長春電訊，鄭孝胥聽說日本齋藤奉命組閣，謂「齋藤子爵穩健誠實，得為此次內閣之首席，則今後日滿間之關係，必有良好影響，實深可賀。」可見他自己實已徹底不要臉，所以不覺得掌熲有何難堪之處！

二十二日北平電訊，偽奉山路打虎山副站長金某，因列車早開二分鐘，被站長日人淺井罰跪二小時，激怒偽路多數員工，不堪亡國奴待遇，紛紛入關者百餘人。

就上面兩件事看來，日人關於掌熲和罰跪的本領已不小，但還是分別執行，乃有哈爾濱偽市長鮑觀澄者，被掌熲並被罰跪，則兼而有之。國聯調查團原要見見馬占山，終因日方阻撓而打消，但馬的代表確已在哈見過李頓等，日方事後聞訊，遷怒於偽市長鮑觀澄，將鮑傳到特務機關部，掌熲二十，罰跪一小時。我們從前聽說沿南滿路的我國平民往往被日軍警隨意掌熲罰跪，飲泣吞聲，無可如何，今亡國官員亦得享此同等待遇，所異者平民所受者為冤枉，謂非出於自願，尚能「激怒」，而偽官員則官愈高而臉愈不要，大有耶穌所謂被人掌了此頰，再以彼頰就之之概，所以儘管掌頰，儘管掌頰而且罰跪，國務總理還是幹得，市長還是幹得！

木頭大起勁

有英人木頭者（H. G. W. Woodhead），他斷定「中國是習慣於潰敗與恥辱的民族」（見本刊本卷第五期〈小言論〉），慣在《大美晚報》專做偏袒日本及外僑中之「死硬」派以攻擊侮辱中國的文字，當我國十九路軍英勇抗日之時，他力為日本辯護，力勸中國自己從早退卻以全顏面！自日人以種種鬼蜮伎倆，勾結在滬少數外僑，陰謀促成圓桌會議以設立所謂自由市以來，這塊木頭更大起勁，慫恿不遺餘力，最近竟以上海英僑協會會長名義，大發通告給各國在滬商會，謂欲保障上海租界安全，須速開圓桌會議，解決（一）越界築路之管理權，（二）免除上海周圍駐紮華軍之危險，（三）改良特區法院。總之是要使上海更殖民地化，乃至「上海周圍」都牽入而殖民地化就是了。這塊木頭處處以最近中日戰事做這種無理要求的根據，他何嘗不知這次是日本利用租界作根據地以進攻我國土（租界原也屬我國土），我軍始終未攻入租界，試問誰破壞租界安全？木頭雖木，絕非不明白這樣淺近的道理，他無非咬定「中國是習慣於潰敗與恥辱的民族」，所以可以無理由的加以盡量的壓迫與侮辱。這塊木頭屢在《大美晚報》上極力讚許日本在侵滬時要求上海周圍二十基羅米突不得駐華軍，我十九路軍即為此事血戰三十餘日，木頭如有勇氣，儘管大膽挑釁！

「應不准行」中之郵政罷工

關於郵資加價一事，在本刊十七期中曾經論及，上海郵務工會因此事向交通部提出「鞏固郵基方案」，當局不睬，乃於本月廿二日大罷工，這當然是一件很不幸的事情。細察此次「鞏固郵基方案」的內容，其要點為：（一）裁併儲匯局，（二）停止津貼航空公司，（三）郵政經濟專養郵政，實施特別會計，（四）保持郵政制度。此事動機無非出於維護國家事業，而非出於私利之企圖，似無可疑，在當局應加以虛心考慮，如有相當的反對理由，亦應開誠解釋，而不應一味搪塞，釀成形勢嚴重的大罷工，貽民眾以莫大的不便與損失。

據郵務工會及郵務職工會《罷工宣言》，謂關於此項方案，「雖經本會等代表之晉京請願，且復一再電催，乃遷延至今……近更以汙詞宣之報端而相侮蔑，謂非毫無誠意，不可得也」，又其《第一號公告》，亦謂「本兩會鑑於郵政危機四伏，為維護國家事業保障民眾利益起見，歷向交通部提出鞏固郵基方案，奈當局置之不聞不問，遷延迄今」，最後僅以「應不准行」電復郵政總局，官僚顢頇積習，處處僨事，必俟闖了禍才手忙腳亂的從事調解，可為浩嘆。

萬家墮淚哭忠魂

五月二十八日，淞滬抗日陣亡將士追悼大會在蘇州舉行，軍民數萬人參加公祭，蔡廷鍇氏頻頻回顧各陣亡將士遺像，潸然揮淚，開會至全體肅立奏哀樂時，蔡氏尤悲慟欲絕，泣不可抑，全場嗚咽淒愴，與祭人員及民眾亦多為之淒然下淚者，許世英氏所贈輓詞，有「萬家墮淚哭忠魂」，可謂實際的寫真。大會標語有兩句話為全國民眾所不能忘者，一為「抗日陣亡將士是為全民族求解放而犧牲」，一為「踏著烈士的血前進」。前一句可以說明抗日陣亡將士何以感人之深，因為天下最令人感動歌泣的，莫過於為同胞奮鬥而置自己生死禍福於不顧的犧牲行為。後一句可以說明我們後死者應如何繼續先烈遺志而向前努力幹去，否則更無以對我「為民族求解放而犧牲」的先烈。

顧子仁先生最近自歐美回國，談起日本在九一八事變將發生時，極力對外人宣傳，說西洋人對中國人看得不徹底，只有日本人最懂得中國人的特性，斷定中國人所有的特性不外兩種，一是怕死，一是要錢，怕死的人只要有武力作凶狠的壓迫就行，要錢的人只要於痛打之後給以小利即可馴伏自願為奴，所以他們預料只要用武力亂打一陣，繼以小利為鉤餌，在兩三個月內就可以使東北的中國人服服帖帖的完全屈伏，就可以使局勢完全安定，勸外人只要聽他們一手擺布，共享太平，不必加以干涉。於此可見日本軍閥不但不以中國為國，簡直不以中國人為人！滬難發生時，鹽澤宣言四小時可以完全占據閘北，亦無非以中國人怕死為前提；後來利用閘北等處漢奸之醜態百出，亦無非以中國人要錢為得計。在他們的心理方面，南北措施，可謂是一鼻孔出氣。我國未打先逃以忍辱不抵抗為無上妙計的軍閥官僚以及認仇作父的東北漢奸閘北漢奸，在日人看來固然都可證實他們的「觀察」，但是血戰抗日於嫩江的馬部將士，血戰抗日於淞滬的十九路軍將士，奮勇殺敵前仆後繼的東北義勇軍，以及下決心與暴敵死抗到底的全國大多數民眾，便出乎他們所自詡的「觀察」之外了。

和淞滬抗日將士具有同一精神的東北義勇軍，其可敬的行為尚有為外間民眾所未深知者，試述其一二近事：迭挫日軍的遼西義勇軍，其中有首領曹廣大、胡忠厚被漢奸勾結日軍捕去，於綁赴法場槍決時，猶能沿街大聲演講，提醒國人，共起驅除帝國主義的日本，市人聞者多掩面痛哭。曹廣大的妻不忍偷生，更不願為日本奴隸，當時即剖腹自盡，隨她的丈夫一同離此殘暴的世界。這種悲壯激昂不怕死的中國人的精神，誠非日人所能夢見！有友人某君新自東北來，據說東北義勇軍之艱苦奮鬥，實非言語所能形容，戰時因醫藥之不備，傷後即倒於道旁，輾轉苦痛，終於死亡；往往下一頓糧食不知所在，而此時先奮勇向前殺敵再說，這種只知有民族的前途，不知有一己的安危的精神，任何人都不能不受極大的感動。這種不怕死的精神，又出了日人意料之外！某君又說起老北風曾捕得日軍參謀十二人，日軍以十二萬圓日金求贖，他一錢不要，卻把這十二人槍決得一個不留，以致日兵臨陣時一聞老北風之名就打算逃，錢的效用又安在？

奮勇抗敵不計成敗尚在東北帝國主義鐵蹄之下掙扎的義勇軍，即正在「踏著烈士的血前進」，也就是繼續抗日陣亡將士的精神與遺志向前邁進。「萬家墮淚哭忠魂」的同胞們，也都應各竭心力，「為全民族求解放」而作繼續不斷的奮鬥。抗日陣亡先烈對民族的最大貢獻，是他們所留給我們的不知生死不計成敗，「為全民族求解放」的不屈不撓的向前努力與奮鬥的精神。他們有此精神的表現，才使全世界恍然於中華民族絕非帝國主義者所想像之「習慣於潰敗與恥辱的民族」；才使全國民眾一掃其萎靡不振自暴自棄的惡根性；才使全國軍人，雖平日對外怯懦無恥達於極點的領袖，公祭之時亦不得不紛派代表，靦顏稱頌，恍然於衛國軍人之深得全國民眾之崇仰，確非平日專以自私自利為目的，爭奪地盤為能事者所能比擬其萬一，庶幾由此可以稍稍增進軍人的人格。故抗日陣亡將士的犧牲誠大，而他們所表現的精神，對外對內的影響卻亦無限。我們應承繼這種精神，作繼續不斷的邁進；光明的前途，是要靠我們自己去努力奮鬥得來的。

加重懲治貪汙刑罰

最近立法院根據國府轉送審查中政會所擬貪贓治罪辦法一案，已由該院法制委員會擬定《懲治貪官汙吏條例草案》，其內容頗嚴厲，第一條規定：「公務員對於職務上之行為收受賄賂，或其他不正利益，處死刑。要求期約或收受賄賂，或其他不正利益五百圓以上，千圓未滿者，處無期徒刑。」第二條規定：「公務員侵占公款者，依左列各款處斷之：（甲）五千圓以上者死刑；（乙）三千圓以上五千圓未滿者無期徒刑；（丙）千圓以上三千圓未滿，處十年以上十五年以下無期徒刑，併科五千圓以下罰金。」第五條規定：「死刑之執行用槍決。」依現行之《中華民國刑法》第四章瀆職罪第一百二十八條所規定，公務員犯上述第一條罪，僅處五年以下有期徒刑，得併科五千圓以下罰金；犯上述第二條罪，僅處二年以下有期徒刑，得併科三千圓以下罰金，則懲治貪汙條例草案中所定，不是請吃衛生丸，便是永嘗鐵窗風味者，似頗有「雷厲」之概，我們國民常痛心疾首於貪官汙吏之觸目皆是，倘能有機會看見有幾顆衛生丸一試功效，或鐵窗裡有幾位權貴點綴點綴，為民眾稍稍除害，當然不勝歡迎，但「雷厲」是否能「風行」，倒是一個問題，倘不過像蘇州人所謂「躲在門背後盤辮子」，法制委員會諸公還是白轉念頭，徒然糟蹋紙墨罷了！

講到「雷厲」的懲治貪汙條文，在民國十五年九月二十二日國府所頒《黨員背誓罪條例》第四條就有所謂「黨員舞弊侵吞庫款滿一千圓者處死刑，並沒收其財產」，但據我們所尚能憶及的，有曾任中山先生的祕書黃某在湖北建設廳任內舞弊侵吞數十萬圓，被當地長官告發，又有在上海黨政報學各界一時炙手可熱的陳某，因對上海抗日會所收救國基金帳目不清，傳聞亦有數十萬圓之侵吞，曾一度被中央某要人所扣留，均得逍遙法外，糊里糊塗的過去，不要說和《黨員背誓罪條例》絕對不相干，就是和普通《中華民國刑法》也風馬牛不相及！如今又來一個《懲治貪官汙吏條例》，是否又「躲在門背後盤辮子」不可知，我們不願多說煞風景的話，但望貪官汙吏不在暗中失笑，那就萬幸了！

蘇俄第二次五年計畫

蘇俄第一次的五年計畫，號稱五年，其實只有四年零四分之一年的時間，因為這個計畫的實行是開始於一九二八年的十月，最近預料可於一九三二年底（即本年底）完成，所謂第二次五年計畫是打算自一九三三年一月一日至一九三七年十二月三十一日的時間內實行的。這個第二次五年計畫的具體內容，此時尚未見公布，聽說尚在規劃起草中，但已經通過的原則大綱，已可略見端倪。據蘇俄人民委員長莫洛托夫所報告，謂「大會認定第二次五年計畫終了時，所需要的擴大生產至少要較一九三二年增加三倍或三倍半。所有工業、運輸、交通、農業、商業等建設的需要，國內最新式的機器生產都能應付。」又據蘇俄最高經濟會議主席奎貝歇夫所報告，謂「新五年計畫必須籌劃改進勞工大眾一般的福利，包括食品，製造物品的供給，住屋及生活情形等。」

我們對此事有一點很可注意的，就是世界對蘇俄的第二次五年計畫的態度和對第一次五年計畫的態度迥異。最近英國《週餘評論》提到此事，謂「資本主義世界對第一五年計畫之出現，極為輕蔑，唯現因蘇俄經濟政策之成功，已不得不變其態度。」又謂「實施第一五年計畫之際，一切狀態正類戰時，但其結果與普通戰爭截然不同：新電廠、新礦場、新機關車、新冶金場等等，皆非破壞性質，而適給俄國人民以新的力量。有第一五年計畫之成功為基礎，第二次五年計畫之進行必更能放一異彩。」

紙上計畫不足畏，在事實上能把計畫努力實現出來，這才可畏。莫洛托夫報告第二五年計畫原則大綱時，曾經昂然說道：「在資本主義國家，我們看見千百萬工人可怕的失業，及千百萬農人的困難。在蘇俄失業完全消滅……各工廠施行了七小時工作制度，城市鄉村群眾的福利時常在增加。」他舉出的是事實，誰能否認？

中大教潮中的一段糾紛

國立中央大學教授們因薪水積欠多月，由教授會議決於六月六日全體總請假，繼為顧全學生學業計，容納學生代表請求，特於七日起忍痛復課，一面續與學校當局交涉。罷教所遺的損失，直接受其影響者為莘莘學子，在不知責任為何事的學校當局，大可覺得無關痛癢，所以諸教授之毅然忍痛復課，其維持教育之苦衷，深得我們的同情。至因索欠而出於總請假，在表面上似頗簡單，但細讀該校教授《全體總請假宣言》，其中卻有一段糾紛，值得我們特別注意與研究者。

「去歲以還，本校因經費來源艱窘，薪水積欠三月，滬難既起，前本校校長現任教育部長朱家驊先生忽藉口辭職關係，命會計組主任現兼任教部總務司長張修柟先生挪移學校各種專款數萬圓。發校長及總辦公處職員自去年十一月至今年一月全額薪水。會計組有冊可稽者，計朱前校長領二千零二十五圓，前法學院長現代理校務劉光華先生及前祕書長現教育部高等教育司長郭心崧先生各領一千二百圓……總計幾達三萬圓。其挪移之專款，自教職員之存薪（即學校已發而教職員尚未支取者）與學生之講義費實險費外，尚有為同人等所不忍言而又不得不言者，則為同人等之水災捐款。去歲同人等領九十月薪時，各扣水災捐款十分之一，合計約達萬圓。據會計組宣布，當時因款項不足，捐款皆係虛扣，然救災急於救火，續有款項，自應儘先繳送國府收賑機關，乃朱前校長以下職員薪水已領至今歲一月，而同人等去歲九十月所扣捐款，至今猶未繳送……同人等及全校助教各院系及圖書館職員，於滬戰初起聲中，僅各得十一月分之二十圓而已……」末了他們提出兩種要求：「（一）請朱前校長與劉代校務在三日內將挪用之同人去歲九十月水災捐款送至收賑機關；（二）請朱前校長與劉代校務在七月五日前分期發清彼等在四個月前已領之一月分以前之欠薪。」最後還有幾句在骨子裡異常嚴厲的話，即「辦學者是否可以優先領薪，是否可以挪用水災捐款，挪用水災捐款者是否可以掌司國家之教育，政府自有權衡，社會自有公論，非同人之所欲議也」。

「朱前校長」和「劉代校務」平日之為人如何，記者愧無所知，但依此《宣言》中所申述，既是「會計組有冊可稽」，且暗中剋扣水災捐款，收賑機關是否看見過有此一筆款項，都屬公開的事實，則就事論事，我們不得不下斷語曰：不顧全校同人死活而先竊巨款下腰包，這顯然是自私自利的趁火打劫的行為；忍心剋扣「急於救火」的水災捐款以飽私囊，這更是全不知人世間有羞恥的穿窬行為。我們對於朱劉等個人不屑責，但這種風氣實可謂是全國黑暗方面的縮影，此種劣根性如無剷除淨盡之日，即為民族日趨墮落深淵的徵象，雖無外患，亦將永無翻身的日子！言念及此，不勝杞憂，故敢不揣冒昧，為全國有心人進一言。

凡有關一種事業，推而至於有關全國安危的領袖及其集團，必先具有為全體幸福而寧願自我犧牲的精神，始足以引起心悅誠服的信仰，造成共同努力的決心，維持繼續奮鬥的勇氣，否則必致腐爛崩潰，完全滅絕而後止。即以建設成績震驚世界的蘇俄政制而論，固靠他們的政治集團有極嚴密的組織，但全國人民能共同節衣縮食以努力於五年計畫之完成者，亦靠他們的領袖，幹部，及其黨員不辭含辛茹苦，為全國倡，雖以自認反對蘇俄制度之艾迪博士，在他所著的《蘇俄的真相》一書中對此點亦不得不承認。我國政治集團往往一事無成而先自成一特殊享用的剝削階級，其唯一能事即在剝削勞苦大眾的膏血以自肥。軍事方面的大小領袖，更以剋扣軍餉為常事，聽說中央軍事最高當局某要人最近深刻感覺十九路軍兵士之所以能共生死，即在軍官平日未在剋扣軍餉上做工夫，而為常事中的例外。

就常理說，大學校應該是養成領袖的處所，但我們所需要的將來領袖，既無需自私自利趁火打劫的領袖，更無需剋扣災款行同穿窬的領袖，是要養成公爾忘私自我犧牲以利大眾的領袖，但今日「掌司國家之教育者」所示的模範與所留的觀感為何如？

日趨嚴重的國難形勢

我國參加國聯調查團的代表及隨員諸君入關之後，報告他們在東北所經歷之傷心慘目的狀況，謂雖遇極熟友人，亦佯作對面不相識的樣子，否則一經接談，即有被捕之禍，並談及三千萬同胞不堪亡國慘痛的種種情形。又據此行某君所目擊，日軍閥是有併吞東省繼侵關內的野心，實已見諸事實，且欲大舉以擴大其暴行。山海關外面的八里，原仍屬於河北省的臨榆縣，但山海關上已高懸日本所卵翼的偽國的國旗。不但如此，關內三里地方的北寧路車站上也懸著偽國旗，甚至有偽國的警察。至於北寧路兩旁更是密布著日軍，打靶橫行，無所不可。除是瞎子，這不是很明顯的已經侵略到關內來了嗎？何柱國困守山海關，在關外的華軍只有三十人，自關內至秦皇島，東一堆，西一撮，聽說實無絲毫抵抗的力量，日軍要何時探取囊中物，即何時可以隨意動手。錦州以東全利用偽國的兵，錦州以西則日軍密布，如無犬養毅被刺而增內部糾紛，已打算入關一鼓而取平津，現則一俟日本本國政潮安定，仍欲實行其磨刀霍霍所準備侵略關內大計畫。日軍閥積極造成所謂「滿洲國」以作傀儡而擾亂國際耳目，其計已售，聽說將有進一步的辣手段，即在東北徵兵二十五萬，以十八歲以上及三十八歲以下的男子充之，由日人任軍官訓練統率，資以利器，一俟有了頭緒，即叫傀儡溥儀將

「滿洲國」讓給日皇的一位老弟，然後擁著溥儀以恢復「大清國」名義，進兵關內，問鼎中原，而日軍則躲在後面牽線，任所欲為，實行其先征服滿洲而後征服支那，淪我全族為奴的計畫。為奴的況味如何，東北的同胞固已慘痛備嘗，即滬上同胞，在戰區中之慘亡侮辱，亦痛定思痛。雖在所謂協定之後，最近身居市長地位的吳鐵城氏，帶衛兵四人途經狄思威路，被日海軍陸軍隊迫令退回，也只得垂頭喪氣，忍辱而退；在滬大肄業的前外次李錦綸的兒子偕女同學四人乘車赴校，途經軍工路，因車中有一女生吐痰不慎，略有唾沫落於日海軍陸戰隊兵士身上，日軍即大怒迫令全體學生下車向該兵行三鞠躬禮，躊躇未行，即以槍柄毆辱，並被拘捕，諸如此類的事情，到正式為奴時都是家常便飯，總之父母妻子兄弟姊妹眼巴巴望著任人侮辱蹂躪就是了！（按吳事係根據西報所載，吳曾來函否認。特為附志）

帝國主義者之終必自掘墳墓，趨於沒落，這是我們所深信不疑的傾向，但他們沒落的時期之遠近，和我們所遭犧牲之大小久暫，卻全視我們被壓迫者的反抗力量的奮勇堅決或畏縮苟且為轉移。努力奮鬥的具體策略，固須各就地位能力而竭力奔赴，撮其要端，就抗敵方面說，不外軍事和經濟兩事為最重要。軍事與政治當局當然有直接的關係，與全盤政治的布置改革籌謀亦有密切的聯帶關係，政府如能幹肯幹，民眾沒有話說，否則應有自取而幹之的決心與辦法。講到經濟方面，民眾更是不論地位與能力，人人可以參加一分的力量，即下決心堅持抵制仇貨到底。父勉其子，兄勉其弟，師友互相勉，民眾誠有這樣的意志與決心，雖有奸商，無利可圖，亦必匿跡。在民眾方面人人可以救國抗敵的途徑，只有這一件事是無論地位能力如何而均可盡力，且為敵人所最畏的一種最有效力的戰器。我們如把陷全民族於為奴，和不買仇貨而並無須多大的犧牲，這兩件事比較一下，何去何從，應無須多所研究而即可以加以毅然決然的判斷。

調查團各國代表回到平津後，曾對顧維鈞氏說：「在滿時備見華人之慘苦，以為關內華人亦必含辛茹苦，同情鬥爭，孰知一到平津，充滿昇平氣象，一若無事者然，中國人苟不自奮發，他人何能為力？」代表帝國主義者的調查團之無能為力，我們早就看穿，不過這幾句話卻值得我們的注意。聽說韓國革命領袖安昌浩於本月八日由日軍自滬押解到韓京，乘鐵甲囚車押入警所，數十萬群眾立街路兩側脫帽致敬，婦女及老翁多含淚觀望，其慘象令人淚下，難道必須到了這時候才覺悟嗎？

勁兒多好！

最近國內鬧得勁兒最高的，要算廣東的兩陳（陳濟棠與陳策）相鬥的玩意兒——居然海陸空軍同時火併，他們津津有味淋漓盡致的氣概，實非記者這枝禿筆所能形容其萬一！

在一二八滬變發生以前，我國的飛機原有九架在上海，到了淞滬血戰最激烈的當兒，乃避亂杭州，藉保萬全，後來雖被敵機趕往杭州炸毀，但那時是敵人不許逃避，並非自己對戰事有了什麼勁兒。民眾見敵機今天炸死我們人民多少，明天炸毀我們民屋多少，焦灼惶急，實非熱鍋上的螞蟻所能比擬，希望有幾架飛機出來抵他幾陣，甚於大旱之望雲霓，報上屢載將有廣東飛機於何日何日可以到滬，我們民眾伸長脖子望著，卻始終未曾見過他們的影子。這次廣東內戰的情形卻大大的不同！據廣州來訊，陳濟棠以陳策集中瓊州的海軍各艦戰鬥力頗強，特飭航空司令黃光銳急調駐汕之第五飛機一部返省，另在省立撥新式戰鬥機五架，共十一機，火速開赴前方，以便陸空軍同時夾攻，較之上海抗日之僅有一小部分陸軍而空軍好像死光的現象，當然出色萬分！

據二十五日香港電訊，謂當日晨九時，黃光銳派飛行員乘可塞、羊城兩機，赴伶仃洋一帶偵察，發現有艦十餘艘，即飛行回省報告，下午二時黃續派飛行員乘新羊城、城古埃、路十三機（這種戰鬥機的芳名，倘非有內戰，民眾那有聽到的機會！），飛往轟炸，擲彈多次，尤以中山艦為重要目標。（中山先生在天而有知，必難免放聲號哭！）中山、堅如等艦亦發高射炮還擊，所幸雙方都不甚高明，所以雖鼓足勁兒戰到四時許，僅傷小艦二三艘，堅如艦尾部受傷，兩方尚未有重大損失。在空軍方面，雖極力傚法日軍攻閘北的玩意兒，尚未學得像，不過在海軍方面算是第一次用高射炮，也許覺得非常自豪！說到這裡，我們做民眾的回想到淞滬血戰的時候，只聽見日海軍用大砲向我們的衛國孤軍轟擊，我國海軍固然「為維持友誼起見」（見本刊七卷第十六期〈國難期中的海軍當局〉一信）而一概匿跡銷聲，甚至民眾方面推舉代表哀懇駐滬海軍艦長借出艦上的大砲給十九路軍一用，亦多方推託，民眾急得要命，而海軍當局卻從容不迫，和這次廣東海軍之慷慨激昂大用其高射炮，適得一對照！

講到軍費，也頗為有聲有色，據香港電訊所述，「二十二日（六月）晚陳（濟棠）邸會議攻瓊，決攻瓊軍費百萬，限二十三日撥足」，可謂慷慨而迅速！儘管叫窮，一到有關個人勢力的內戰，即可立刻不窮了！

中央政府對於此事的唯一辦法，聽說僅由汪兆銘等「以私人名義電粵方私人就近勸止」，並「電勸雙方息爭」。而在所謂「廢止內戰大同盟」，對於此事的「廢止」方法也不外乎「電懇」，一方面電懇「廣州陳總指揮瓊州陳海軍司令賜鑑」，「千祈懸崖勒馬」，「敬進盡言，唯希採納」；一方電托粵各團體「婉勸力諍，期達目的，廢戰前途，將於此卜」。其實除「內戰前途將於此卜」之外，絕對沒有第二種結果。

老百姓對於抗禦外敵的戰事，雖破家蕩產，不但無所怨懟，而且起勁萬分，在閘北抗日激戰之時，記者就有好幾位朋友僅以身免，家產蕩然，見面時多含淚申述，只須於民族有裨，個人犧牲不足道。滬上人民於千苦萬難中對於十九路軍輸將慰勞之踴躍，至今猶歷歷如在目前。東北民眾義軍之視死如歸，前仆後繼，亦為顯著的事實。但直接負衛國保土責任的軍人，獨對於民眾所疾首痛心的為私人爭權奪利的內戰，勁兒再好沒有，而對於民眾所夢寐不忘的對外抗敵，卻漠然無動於中。我們試一探此中的奧妙，便知道軍閥們也有不得已的苦衷，因為他們所最重的是個人的地盤權利，遇著和他們的個人地盤權利有存亡關係的內戰，當然要出死力相拚，絕不是什麼「電勸」、「電懇」所能動其分毫。民眾為著自身利益而反抗軍閥混戰，反抗帝國主義的壓榨，除非把政權和武力放在民眾手中，或放在確能為民眾奮鬥的集團手中，絕對沒有其他便宜的道路走。

死路一條！

不久以前，湖北省府夏主席及各省委發起大做佛事，祈禱昇平（詳見本刊七卷第二十七期《武昌通訊》）；後來又聽見湖南省唐代主席兼教育廳長親往城隍廟祈禱甘霖；最近越鬧越像樣，聽說中央委員及在野名流戴傳賢等為國家多難，災患洊臻，發起在北平雍和宮起建金光明道場，以祈息災弭亂，轉移劫運，現正在籌款進行中，據他們的「募捐啟」中所述，除說了一大篇鬼話之外，還說「變亂日益加劇，水災洊至，日寇侵陵，同人等怵於國難當前，生靈塗炭……發起金光明道場，以祈轉移劫運，造福國家」；又說「雍和宮道場，不特為消一時之災，並足以樹百年之大計，應請政府撥款提倡，各界人士救國救民，具有同心，敬祈踴躍輸助，俾法會得以觀成，民國前途，實利賴之。」這是死路一條！「各界人士」如尚有絲毫「救國救民」的「同心」，對此喪心病狂荒謬絕倫的「百年大計」，不但一文錢不該「踴躍輸助」，應群起而攻之，為「民國前途」除此妖孽！

所謂「變亂日益加劇」，所謂「水災洊至」，所謂「日寇侵陵」，所謂「國難當前」，所謂「生靈塗炭」，誠然都是千真萬確的事實，國事一糟至此，身居黨國要人者應負何等責任，姑不置論，但「水災」、「日寇」乃至「生靈塗炭」，是否靠念經拜懺所得消弭，在如今科學昌明時代，雖三歲童子，可以回答，而身居黨國要人以至號稱在野名流竟欲藉道場以謀侵蝕國帑，記者以為誠欲「轉移劫運，造福國家」，宜先將此輩妖孽明正典刑，庶幾「不特為消一時之災，並足以樹百年之大計」！

我們在中國歷史上知道在南北朝時有梁武帝也像戴院長之一來就跑到寺院裡去念經（這寺院不是五權憲法中的考試院），有所謂「三捨身於同泰寺」的記載，後來侯景帶兵攻陷臺城，梁武帝嘆曰：「自我得之，自我失之，亦復何恨。」最後被迫餓死臺城，臨死雖口苦索蜜而不得，今提倡經咒救國諸公，目前尚有民眾被榨取的脂膏豢養著，當不致即時餓死，聊可自慰，也許還感覺「自我失之，亦復何恨」，但從前之「失」，僅更朝代，事屬一姓得失，現在之「失」，則全民族陷入奴境，不僅諸公死有餘辜，所以在諸公儘管一廂情願，我們民眾卻不能跟著你們這班妖孽同奔這死路一條。

二萬人投考的風波

由長沙傳來消息，湘省第一紡紗廠近以添設織布的工作，於月前布告招考男藝徒二百名，女藝徒一百名，錄取者每月每人僅津貼伙食六圓，零用二圓，乃各處失業民眾來省報名投考者竟達二萬人以上，人數既極擁擠，遂分作數日測驗，以其中多中學生，合格者多至七千七百餘人，而定額只有三百，於是採亂碰辦法，於六月二十九日用抽籤撮取，並由警備司令部及保安團武裝到場維持秩序。先將女性的籤擾亂，裝入一大筒內，叫兩個瞎了眼睛的女子在筒旁抽出，每抽一籤，執事者即當場當眾唱明號碼及姓名，當時女性落選失意者即紛指其中有弊，多方解釋始平定。當抽取男性至大半時，又群起擲石拋磚，負責職員逃避，鬧到頭破血流，軍警開槍示威，擠傷群眾不少，最後結果五人被看管，一人被笞責二百。這種嚴重情形，在所謂黨國要人感覺如何，不得而知，我們認為這不是偶然爆發的局部事實，其實是全國普遍的狀況，應能引起我們嚴重的注意。

依我國的土地及富藏而言，生活於這裡面的民眾原沒有理由要處於這樣悲慘淒涼的境地，但不應如此而終於如此者，在我們做民眾的自己縱任軍閥官僚之橫行，土豪劣紳之剝削，只知飲泣吞聲於壓迫剝削的現狀之下，絕無進步的生產技術與進步的生產組織之可言，內部的結構如此，當然沒有實力以抵抗帝國主義者之加上一層鎖鏈，抽筋朘骨，吮血吸膏，遭殃奇慘者獨為勞苦大眾。在這種狀況之下，有覺悟的分子應如何和勞苦大眾立在一條戰線上，打出一條生路，這是當前一個最重要的問題。現在走頭無路瀕於死境的勞苦大眾一天天的突增，已為共見的鐵一般的事實。但這種悲慘淒涼的現象絕不是枝枝節節的辦法所能根本解決的。國家民族的整個問題不解決，個人出路亦無法得到徹底的解決，這是我們應有的覺悟。

學潮中的小題大做

一國的教育和一國的政治經濟有密切的關係，記者認為政治經濟未得根本解決，教育實在沒有單獨獲得根本解決的可能。故在我國目前政治經濟一團糟的現狀之下，我們對於教育現狀，實覺評固多事，建議亦屬徒然，但耳聞目見，感觸時湧，是非所在，又往往難安緘默。關於最近的中大學潮，上海各大學教授會所發宣言，切當正確，實獲我心，其中所提出的有一點說：「我們對於少數學生動用暴力，毆傷代理校長，認為舉動野蠻，有逾常軌，極為痛心，主張依法辦理，反對不分黑白，任意拘捕……」又有一點說：「少數學生鬧事，依法懲辦，可以了事，何以解散全校，使大多數學生犧牲學業，流離失所，更何以牽動全體教授，使神聖教育事業隨當局的喜怒而中斷？」這是什麼？這叫做學潮中的小題大做。

記者有位學電機科的朋友，也在中大擔任教授，我深信他是絕無黨派作用而言行篤實的一位學者，最近寫給我的一封信裡有這樣的幾句話：「限學生於三日內離校，同時警備司令部於二十九日及三十日檢查學生宿舍，不論那天是否打段，只要平日在校有點小名（如主席團等），或為同學所推舉（護校運動委員），或被舉而聲明不幹者，一律用綁票式加以逮捕。（其實多數真正打手早已溜之大吉！）尤可痛者，一女生名胡濟邦亦被舉為護校運動委員，曾聲明不負責任，而警備司令部亦派人於三十日午夜入女生宿舍，持電筒破窗而進（打段並未有女生參加），翻箱倒篋，取了照片而去，次晨女生等多號哭而出，謂再住下去，必演成都女學之故事！（記者按，據傳五月中旬成都駐軍連夜持械入成都公學女生部強姦，三女生被汙，學校當局不敢聲張，反令學生嚴守祕密！）」愛護教育的人以有學潮為憾，以學潮擴大為憾，依這種事實，教育當局簡直好像欣逢學潮而得報什麼不共戴天的深仇似的，真不可思議！

據中大整理委員會最近討論的結果，認為「中大風潮為錢與人的問題。現發五成經費實不足以維持中大，政府當局決自八月起竭力籌措，十足發放……校長人選，內定與黨政關係較少，不帶政客式之純學者」，中大問題癥結原不過如此，何必那樣小題大做，對學生——乃至「號哭而出」的女學生——耀武揚威呢？

論功行賞

暴日對於侵略我國東北及蹂躪淞滬最得力的日本官吏將士均有論功行賞之舉，這種功績是由於慘殺我國民眾士兵，毀壞我國民眾財產而獲得的，所以我們每看到由日本傳來關於這種消息的電訊，未嘗不痛心疾首，憤慨無窮。

最近香港來了這樣的一則電訊：「陳濟棠前懸賞十萬炸逃艦，現飛鷹已沉，特以十萬賞丁紀徐，並升空軍副司令……」這也是論功行賞！功績如下：

（一）「僑港瓊商接海口電，粵機五日晨五時起，分向飛鷹艦轟炸兩次，彈多落海，且被高射炮還擊，粵機改向海口各機關及陸戰隊駐所轟炸，共十一次，商店居民多被殃及，死傷甚重，陸戰隊死傷十餘名。」（七月六日香港電訊）

（二）「據由海口抵港某要員談，五日六日，粵機不斷來攻，初由千尺以上擲彈，不中，六日下午二時，丁紀徐復率三機飛到海口，飛度極低，向飛鷹艦轟炸……飛鷹艦中一彈，穿鐵板，該艦即懸白旗，表示不抵抗，擬從事援救員兵生命及搬運軍實，唯上空仍擲彈，未幾又被擊中，該艦漸沉……損失約值五百餘萬，海口商民亦遭巨大損失。」（七月八日香港電訊）

這樣勇敢的戰，丁紀徐的升官發財，以及陳濟棠的論功行賞，確有充分的理由！怎樣說呢？日本政府之大賞侵華的官吏將士，為的是替日本殘殺了中國的軍隊，慘斃了中國的人民，毀壞了中國的軍力，現在丁紀徐等所領導的空軍也殘殺了中國的軍隊，也慘斃了中國的人民，也毀壞了中國的軍力，日本還沒有機會擊沉中國的兵艦，視中國空軍猶有愧色，怎麼可以不賞！

牛蘭夫婦絕食事件

關於牛蘭夫婦絕食的事件發生以來，多絕食一天，即多引起我國社會和世界的注意的程度深刻一層，承許多讀者函詢本刊對此事的意見，記者屢欲貢其愚妄之見以資商榷，但以週刊未能如日報之適於緊急的時間性，深恐牛蘭已餓得差不多和鬼門關相近，也許我們的文字刊行之日，已是他們倆魂遊地府之時，所以屢想下筆而屢次擱置。不料他們的體格總算「結滾」，整整餓了十六天，雖雙目深陷，消瘦萎頓，已脫人形，還得苟延殘喘，本月十七日已由宋慶齡女士具保送入首都鼓樓醫院醫治，並已自願進食，絕食一事可告一段落，鬼門關大概不必就去，特把對於此事的幾點意見，撮述如左：

（一）司法當局宣言不願因絕食要挾而在法律上有何遷就通融，這一點當然沒有訾議之餘地，但在法律方面是否有何缺憾，卻也不應因為絕食抗議而有所掩蔽。絕食是一事，法律上有無缺憾是另一事，不可混為一談。

（二）牛蘭夫婦請求的要點有兩事，一為移轉管轄，移滬審問，一為請外國律師辯護。在中國普通法庭，依法不能聽外國律師出庭（除在特區各法院有法律特許者外），這一點司法當局不許，誠有充分的理由。但據記者和精通法學的朋友研究的結果，依《危害民國緊急治罪法施行條例》第一條，及《刑事訴訟法》第十三條所規定，此案實應在上海分院審理，這一點司法當局應毅然依法執行，而無待於被告之請求，更無待於被告之絕食抗議。

（三）牛蘭和他的妻子汪得利因有危害民國嫌疑，於民國二十年六月十五日在上海四川路南京路兩處先後被捕，到現在被拘留在一年以上，據司法行政部長羅文榦氏上行政院呈文所述遲緩原因，初解上海高等分院，繼被淞滬警備司令部提去訊辦，雖經被告提起抗告，即被最高法院駁回，後來軍政部又認為軍事機關對此案無管轄權，把他們解送江寧地方法院……或東或西，或此或彼，解得團團轉，我們不知道司法當局最初何以不依法確定有管轄權的法院爽爽快快審辦此案，而好像貓銜老鼠似的東奔西拉，致貽司法手續迂緩之譏？

（四）牛蘭等罪名有待法律裁判，茲姑不論，唯頗有人以我國青年在「危害民國」罪名之下而慘死者多矣，皆以極簡易的手續結果他們的性命，未聞所謂黨國名流者起勁呼籲過，今以外國人便鬧得滿城風雨，這誠然是異常沉痛的話，但如認今者所爭為是，愈顯前者之非，似亦不能以前者之非，而主張要一直非下去。

馮玉祥與緞鞋

據說馮玉祥氏在開封時，不准人家穿綢緞衣服，一見有穿綢緞的，他便要千方百計，使你難堪，有一次他看見自己部下有個兵士穿著一雙緞鞋，他連忙上前去深深的一個揖，隨著是一個九十度的鞠躬禮，不但一次，他接著左一個長揖，右一個鞠躬，把那位丘八先生弄得莫名其妙，呆若木雞！最後馮氏告訴他說：「我並不是和你行禮，只因為你的鞋子太漂亮了，我不敢不低頭下拜哩！」那位丘八先生嚇得魂飛天外，連忙脫下新鞋，赤著腳走回去。

這樣的滑稽劇，馮氏很會扮演，結果聽說他的左右往往預備好兩種衣服，去見他的時候，便穿上一件藍土布褂兒，省得他作揖鞠躬夠麻煩；出去到別的地方去的時候，不是穿上漂亮的西裝，便是穿上講究的綢衣。

我們承認廉潔勞苦，是革命精神的一個當然具有的部分，但僅僅廉潔，僅僅勞苦，卻絕不能就盡了革命的能事。像木偶一般，雖無所耗費，於人何益；像奴隸制度下的勞苦工役，於己於人群何益（享受剝削所得的主人們當然在外）？所以必須有共同的主義信仰，共同的奮鬥目標，積極的進行計畫，然後廉潔勞苦始有意義，在這種立場之下，勸導人人共趨於廉潔勞苦之途始有意義。上面所談的一類滑稽劇，固然是徒使左右多制一套衣服，不過養成虛偽的習慣，但即使不偽，若徒禁小兵穿緞鞋，而不能禁軍官之剋扣軍餉，結果不過使軍官更易於多多剋扣，順利剝削，而無數小兵徒作「瘟生」而已！

所以在剝削制度之下，即有心勸人修養，亦苦於無從說起，因為忠實勤苦等等美德用於為大眾謀福利上，和用於為少數人增加搜括，增加私利上，性質迥異。

誓死周旋

據南京電訊所傳，謂「中央已認定熱河之存亡，即整個國家之存亡，絕不令熱河寸土失陷敵人之手，縱日方膽敢擴大遠東糾紛，向我全國進攻，我亦只有用全國之力量，與之誓死周旋，為爭國家民族之生存，絕不惜任何犧牲。」這態度再對沒有的了，所憾者早就該有，何以至今才有！瀋陽將失時就該有，已失後更該有；錦州將失時就該有，已失後更該有；東北其他各地臨危時就該有，相繼淪亡後更該有，何以直到熱河被侵，平津震撼，然後才有！但到了現在還有，我們民眾於萬分失望之餘，猶不自禁其淚承於睫，引領企望政府不致再發不兌現的支票。

美國新聞記者福萊齊亨脫君新遊日本過滬，在日時曾與日首相齋藤及陸相荒木等會晤，據說「日本對東省態度，深信一切問題均不難解決，目下傀儡組織，根基已固，以後將在日本保護與指導之下圖謀發展，而荒木尤深信軍國主義，謂日軍乃『天遣之兵』，如需日本繼續用武力者，則決用武力」。日本對我國侵略，尤其是自去年九一八以來，曾用上海人所謂「揭便宜貨」辦法，也就是齋藤等所謂「均不難」。本莊繁以數百人在數小時內唾手占得號稱手握二十萬大兵者所負責守衛的瀋陽，後來又不費一彈之勞而堂皇入錦州城，這都是「揭」到的

「便宜貨」。他們對於馬占山，原也想兵不血刃的來一下，不料上了一次當，但東北究有幾次嫩江一役的苦戰？所以還是隨時隨地「揭便宜」，「揭」得日本軍閥心花怒放，想入非非，鹽澤看得眼紅，想依法炮製，在上海來「揭」一下，不料遇著愍不畏死的十九路軍，打算四小時可「揭」到手的，打了個把月還是一場空，但十九路軍究有幾個？所以「揭便宜」的心理還是充滿在腦袋裡，此次日軍於七月十七日侵熱時，僅步兵三百，滿以為熱軍將不戰而退，再「揭」一次「便宜貨」，不料我方駐軍張營長（名守鎮）不知畏懼「天遣之兵」，竟出以死抗，「便宜貨」一時「揭」不上手，只得暫退以取其他「便宜」的策略，聽說日軍閥因欲避免日軍犧牲，國際責難，擬改用傀儡軍隊為先鋒，繼續犯熱，俾得居中取利，仍不出於「揭便宜貨」的行徑。據《大阪每日新聞》所載，謂日當局及偽組織對熱絕不放棄，其實還說得客氣，日軍閥對全中國絕不放棄，都想採用「揭便宜貨」的辦法。我們全國上下的尊意如何？願否充充「便宜貨」，以便「天遣之兵」可以隨意大「揭」一下？

朱子老碰著一鼻子灰

以慈善家名於世的朱子橋先生最近本其慈善為懷，掮著上海廢止內戰大同盟會代表的牌子，偕同陳立廷、查勉仲諸先生親赴廣州向當地諸要人為民請命，奔走竟日，汗流浹背，所得結果，反被他們嚴詰幾句，揶揄一番，聽說蕭佛成氏尤為激烈，並要求朱子老在報章上發表談話，聲明此次粵當局舉動是討逆而非內戰，朱子老當然不好意思奉命，因為這樣一來，豈不將「廢止內戰大同盟會」的「廢止」兩字做到「提倡」兩字嗎？陳氏雖請朱子老等吃一頓，但頗使他們吃不下嚥，因陳濟棠氏在席間也詰問得很不客氣，他說對於廢止內戰大同盟會的「內戰」二字，他不甚明瞭，清除土匪，剿滅共黨是否亦為內戰？如此而運動廢止內戰，則不無某種背景云云，大有請朱子老戴上紅帽子，「請君入甕」之概！朱等至此始恍然此行徒勞跋涉，必無結果，乃悄然乘輪離省，蕭氏得訊後，以朱氏未如己意在報上發表談話，乃自擬「蕭佛成廢止內戰觀」長篇談話，呈送陳濟棠修正後，發交廣州各報發表，這幕趣劇才算閉幕。

廢止內戰而可由於向內戰者以語言文字哀求收效，中國早已太平了！軍閥政客們彼此鉤心鬥角於地盤權利之爭的內戰，每次戰禍發生，總有若干士紳出來向內戰者哀求，結果如何，苟非健忘，當能追憶。這次朱子老之空奔空流（指汗流浹背），實意中事。我們認為非政治上有一番全盤的根本改造，這個「空」字無法避免。

敬悼殉難的郵局長

據交通部封鎖東北郵務宣言所述，謂東北郵務人員時受暴日威嚇，且有遭日軍之慘殺，而受逮捕或刑訊者，更有多起。七月三十一日南京來訊，據說：「吉林額穆郵局長楊化東於五月十九日在局辦公，突來日軍奪其所寫報告書，楊拒絕與，其頭及肩即被日軍砍傷，旋即帶往敦化，於五月二十七日被槍決。日人為卸責計，稱楊之報告書係寄與救國軍司令王德林之函件，但吉、黑管理局則已證明確係寄與該局報告當地郵務情形之函件，且證明楊與工毫無關係。日軍慘無人道，肆意殘殺，東北人民久陷水火，此特其一端耳。楊於民十一入局，服務成績極佳，交部已照章優恤矣。」

自去年九一八國難發生以後，我國民族性有一大缺憾暴露無遺者，即在軍人方面，除馬占山所部及十九路軍外（尚有最後加入的一小部分的第五軍），只有逃之夭夭的本領，這在他們卻有個很冠冕堂皇的名詞，叫做不抵抗主義。和這種主義心領神會的不僅善逃的軍人，無數的漢奸，無論是出於官吏，或是出於民間，都是他們的忠實同志。這種奴性的精神，是民族的致命傷，比任何毒素都來得厲害！古人說「哀莫大於心死，而身死次之」，這種奴性便是「心死」的十足表現。故為爭正義而臨危授命，所死者一身，所保全者為民族所賴以繼續生存的奮鬥精神，苟活偷生，當抵抗而不抵抗，雖可保全狗命一條，但無形中為中華民族提倡鮮廉寡恥的風氣，製造無數顏之厚矣的順民，把自己造成民族的罪人。就這一點說，東北義勇軍抗拒日帝國主義之視死如歸，固是為民族而犧牲，即如上面所舉為公殉難的郵局長，亦功在民族，為我們所應頂禮膜拜，哀念不忘的。

當此我國民眾外受帝國主義之生吞活剝，內受軍閥官僚之壓迫榨取，水深火熱，救死不瞻，我們目睹慘狀，不忍不說，但諫諍直率，動輒得咎，殆亦常在不知死所之中，對於楊君之能為公殉難，死得其所，於哀痛悲憤之餘，又不勝其歆羨嚮往之思。

難為了這位女博士

聽說前我國駐比公使國際禁煙代表王景岐氏有個女兒在北京大學肄業，畢業論文為中國禁煙問題，上月初在該校禮堂對論文作公開談辯，亦即最後試驗，她能否「博」一下，這番談辯當然很有關係，當時考官五人，其中有一位即前年遠東鴉片調查團委員之一，談辯了許久，聽眾中有一人起來責問，說他在溪元一九一四年在中國親見遍地罌粟，有違中英一九〇七年條約。王女士侃侃而談：說當時大部分原已肅清，所見或為中國一小隅的，事實深望勿以一隅例全部，這位責問者居然為之折服。結果考官公議授女士以最優等的博士學位。

博士之上還有「最優等」的形容詞，像記者這樣的土老兒的腦袋，自愧弄不清楚，可是王女士為現在「遍地罌粟」的祖國尚能「侃侃而談」，我們卻不能不佩服她的勇氣。如果我們裡面有一位當時在場，想都不免要替她捏一把冷汗。

在王女士選博士論文時，這不選，那不選，不幸偏偏選著這個最難替中國「侃侃而談」的題目，到了最後試驗的當兒，有如箭在弦上，不得不發，否則便「博」不了，這固然是她不得不「侃侃而談」的理由；但喜歡祖國之獲得稱揚，不願祖國之受人輕視，也是一種很自然的心理。所苦者，講到禁煙問題，「遍地罌粟」的祖國實況偏偏和她的這種心理相反，在她雖因那五位考官之莫名其妙，那些聽眾之憑空折服，獲得最優等的博士頭銜而歸，我們若不將實況改換過來，要想永久以一手掩盡天下人耳目，這卻是很不可能的事情。我們對自己的國家本樂於歌功頌德，但若無功可歌，無德可頌，於悽慘環境中強顏歡笑，實所未能，且於實際亦究竟有何裨益？王女士的最優等的博士論文固出於發揚國輝之善意，而記者所欲申述的，是我們國家在國際上的榮譽在有事實上的表現。個人喜譽惡毀，不在鉗人的嘴，而在自修，推到一個國家，也是這樣。

中國給日本的哀的美敦書

中國一向好像注定了只有單方面專嘗我們親善無比的東鄰接一連二送來的哀的美敦書的份兒，那有給日本以哀的美敦書的夢想，但本月五日天津和北平的電訊，都傳遼寧救國軍杜芳洲通告自居土皇帝的本莊繁，限他於四十八小時內交還錦州，否則進攻，這不明明是中國給日本的哀的美敦書嗎？但是能發出肯發出這樣激昂慷慨的哀的美敦書，不是什麼東北軍事長官，也不是其他什麼軍政當局，是真正的民眾武力東北義勇軍！我們立於中華民族的立場，不得不卑視賤視靦顏生存怠傲自大而對外屈伏的民族罪人，不得不頂禮膜拜這種前仆後繼，視死如歸，以赤誠，以碧血為民族生存艱苦奮鬥的東北義勇軍。

由義勇軍發出的哀的美敦書，和我們已經聽得耳熟的「長期抵抗」的空調兒大不相同，這只須看本月初旬以來義勇軍在南滿線同時大舉，弄得向在東北趾高氣揚的倭朋友們屁滾尿流，面無人色，便是鐵一般的佐證。據華聯社電訊所述：「自八月一日夜，遼西義軍積極進攻南滿鐵道沿線之長春，瀋陽，海城，營口以後，日軍司令部頓形緊張，日僑初以為滿鐵附屬地為絕對安全地帶，及各地被攻後，尚信日本軍力足以應付，但經數度驚惶後，遂起懷疑，平昔視華人生命如草芥，慫恿日軍加以殺害之日僑，今皆顏色如土，恐怖萬分，至不能安枕，商業亦停頓。」這是何等浩大的聲勢！

聽說本莊大為慌亂，已電東京告急，日參謀本部已頒緊急軍令，決再出動兩師團。東北義勇軍前途之艱危，不言而喻，但他們只知全民族的生存，不顧一己的禍福，忠勇奮發，義無反顧，其悲壯慘烈，乃愈令人感泣。而且我們深切感覺東北血戰抗敵義軍之成敗，其責任不在前敵赴湯蹈火拚死掙扎的義軍，而在全國的國民。在義軍不顧身誅家滅的慘禍（聞甚至有家族被殺，財產被收，僅餘一妻，竟亦押賣入娼寮，得代價以充軍費者），在他們可謂已對全民族盡了他們的責任，此外是否肯在物質上與以盡量的捐助，在精神上喚起同樣的奮勇抗敵的意志而見諸實際的種種抗敵行為，團結全國的民眾力量以與暴敵周旋，這是全國人的責任。我們全國民眾誠能因義軍之悲壯慘烈而共同奮起，義軍必勝無疑，否則敗的責任不在義軍本身而在全體國民。

日艦護送日貨

自上海出現了「血魂除奸團」，對於喪心病狂見利忘義的奸商，於嚴厲警告之餘，不是附上「非尋常之禮物」一罐，便是「附子彈二粒」或是「手溜彈一枚」，人心大快，萬姓騰歡！上月的最後兩星期內，上海進口貨竟以日貨為大宗，據各業調查所得，到輪五六艘中，裝來最多者為疋頭（夏秋兩季服用品），次為洋紙，煤，木，皮革，糖，五金等，已在滬進棧者達五萬餘噸，尚有大批貨輪，絡繹在途。又據金融方面消息，莊票打出，由日商銀行直接或間接收兌現款者，在該兩星期中總額已達一千萬圓以上，皆為日貨代價。在此極可悲憤的情況之下，除奸團一聲霹靂，震動中外！

日商大著其慌，紛紛密議，決由日海軍派軍艦四艘護送新到日貨開往長江各埠起卸。中國人抵抗日帝國主義者的蹂躪侵略，不外軍事和經濟兩個方面，在軍事方面，全國大多數民眾實有一致抗敵的決心，東北義軍及表同情於東北義軍的民眾，即其一部分的表現；在經濟方面，全國大多數民眾實有敵愾同仇的精神，血魂除奸及表同情於血魂除奸的民眾，亦其一部分的表現。日軍艦可用以護送劣貨，但不知有何法用軍艦來強迫個個中國人購買劣貨？

軍閥的心裡大概都以為只要有暴力在手，可以任意作無理的壓迫，什麼都可不在眼裡！

他們曾經以為用暴力可在三個月內安定東北，坐享其成，現在如何？他們又曾經以為用暴力可在四小時內占據淞滬，肆意經營，現在如何？但他們仍迷信暴力萬能，仍以為對中國也只須有暴力壓迫，一切不成問題，現在究竟有無問題，又是彰明較著的事實。

公意的表現

我們總還記得十九路軍在滬血戰抗日因援絕而總退卻的時候，民眾哀痛憤懣的空氣中，忽有認賊作父的漢奸胡立夫、常玉清、汪度、姚子度等，勾結日人，組織所謂「上海北市地方人民維持會」，搜括勒索，助敵為惡，民眾恨之刺骨，而他們憑藉日軍閥的惡勢力，橫行無忌，絲毫未曾想到軍閥的惡勢力不是永遠可靠的，最近這裡面的「漢奸領袖」——「胡立夫會長」忽於十五日被市公安局偵緝隊活捉得來，當即送上手銬一雙，請「會長」先生享用，並由滬北各路商界聯合會連忙呈請立即槍決，以便他於享受衛生丸後，步武要人撒了爛汙出洋辦法，到地府去考察一番。

事有湊巧，同時有血魂除奸團團員十六歲愛國少年惲蕙芳因訪悉民國路茂昌洋貨店於滬戰碧血未乾，東北風雲正急之際，重視腰包容量，暗中大販日貨，親往奉送手溜彈一枚，被公安局拘去，第二特院已判徒刑一月，緩刑二年，復被公共租界捕房移解第一特院起訴，上海數百團體特為他開會營救，決定由同業公會各市民分會分別徵求商舖蓋章保釋，聽說有商舖數百家願環請保釋。（此文閱校時，惲君已被保釋。）

胡立夫之應須「立即槍決」，惲蕙芳之應受「環請保釋」，都是公意的表現。公意之所在，非強權威勢所能湮沒，亦非強權威勢所能逃避，不過裁判的實效有遲早，懲罰的實現有先後而已。以「胡會長」當日之聲勢煊赫，生殺如意，終有敬領手銬一雙之日，嚇得面無人色之時，便是顯例。行為舉措合於公意者，終為公意所保障；行為舉措背於公意者，亦終為公意所唾棄。公意好像明鏡高懸，妍媸畢露，「嫫母有所美，西施有所醜」，嫫母自己在明鏡前演盡醜態，不能怪明鏡不替她照出千嬌百媚的西施來！

這樣看來，做胡立夫的和做惲蕙芳的，各人所得的社會反應之迥異，都是他們自招的結果。胡立夫所得的手銬一雙，萬人唾罵，是由他自己無惡不作上來的；惲蕙芳所得的同情一掬，各方敬禮，也是由他自己忠勇為國上來的。在胡固志不在手銬與唾罵，在惲行其心之所安，亦非為同情與敬禮才有所動作，但公意的表現卻使各得其所，不論他們自己的意志何在，只問事實的真相如何，公意之所以有力量者在此，公意之所以可畏者亦在此。

名犬與名人

據本月十日美國洛杉磯電訊，電影界名犬，為一般影迷所素知，奏技奇妙的犬星琳丁丁當日死於好萊塢，美國報紙為報告此名犬的死耗，曾載有半頁的新聞。

把人和犬來相提並論，常人總覺得人為萬物之靈，犬那裡搆得上資格！只要聽有人常為特別表示謙遜的意思，把自己親生的兒子稱為「小犬」，罵人罵得發急的時候，常有「狗東西！」的急聲脫口而出，便可見人類對犬類所自負的一種「自大心理」。但如把這位名犬琳丁丁先生和在我國報紙上所常見的一般名人比較比較，除極少數潔身自好者外，所謂名人者是否能對之無愧，似乎可加上一個疑問的符號。

第一，名犬琳先生之所以得名，有牠的「奏技奇妙」的實在本領給我們的的確確的看見，牠的名不是有名無實的名，乃是名實相符的名。牠在電影界上有了演好電影的真實本領，當然該得電影犬星的名。我們報紙上常見的名人們所幹出的成績是什麼？

第二，名犬琳先生對於電影觀眾確有實際的貢獻，同時牠對社會並沒有什麼榨取剝削的行為。這似乎是在我國名人中所不易找得出的，因為他們只有利己的份兒，只有盡量榨取剝削勞苦大眾而自己養尊處優的份兒。

第三，名犬琳先生雖享盛名，並未藉盛名而作惡，不若我國名人中有明目張膽拐人妻子的，有昧著良心侵吞公款的，而仍得逍遙法外，睥睨一切，行所無事！

第四，名犬琳先生死後遺人以不少的惋惜，只要看美國各報對他死耗給以半頁的新聞地位，可想而知。必須多少有利於人，死後別人才覺得他死得可惜，如今所謂名人，也許其中有不少如果死得愈早愈多，社會上所受的災殃可以有正比例的減少！

我們當然不希望名人們都成「狗東西」，但卻很希望他們裡面有許多能把自己和琳丁丁先生比較比較！

暗送秋波

據最近北平電訊所傳，熱河主席湯玉麟有扣留義勇軍而與日方暗送秋波的舉動。據說朱霽青所派收復失地義軍第一批到熱河，被湯玉麟扣押，此中原因，湯氏原欲敷衍輿論，派他的兒子到北平參加北方將領會議，議決一致抗日，事為日軍所悉，即以攻朝陽脅迫湯氏，湯為著他的家財三分之二在瀋陽，不忍犧牲，遂與日軍磋商條件，日軍聞朱霽青將到熱河，令湯制止，故第一批義軍到熱，即被湯扣押，繼被驅逐，退回天津。湯原欲以「抗日」兩字敷衍輿論，可見對於民眾意志本有幾分畏懼，但一想到「家財」，便什麼都顧不得了！在七月底的時候，我們就得到天津傳來的消息，說湯氏派副官三人，上校少校各一人，帶護兵二十名，分載卡車八輛，運他所有的貴重物品，運藏天津意界湯氏的住宅。我們一方面驚於湯主席貴重物品之多，一方面也還不願以小人之腹度君子之心，希望他也許是表示對日有抵抗的決心，因為貴重物品既已運出，應可狠狠的打一陣，但如今看他因為有「家財」三分之二在瀋陽便扣押義軍，覺得他的目標還是在「貴重物品」，而不在抗日。因為這個緣故，所以他不得不以六十多歲的老翁，暗向日人大送其秋波！

其實這個秋波是白送的。近幾天不是又盛傳日軍又在大舉進犯熱河嗎？湯氏固大發其告急的電報，國人聽見這個消息，似乎也在沉寂中略略又震動了一些。其實大阪《每日新聞》早就明目張膽的說：「日當局及『滿洲國』對於熱河絕不放置；因熱河與東北不但在地理上有不可分離之關係，即在政治關係上亦是如此，故熱河如不加入東北，而置諸反滿洲義軍之手，則滿洲治安絕不能維持。」可見日人必須攫取熱河的決心。他們現在的問題不是取不取的問題，而是如何可以用最少的犧牲取得的問題。別人是有一貫的計畫，我們聞變則驚惶失措，稍緩便視若無事，在此無計畫無決心的形勢之下，恐怕只有坐以待斃的份兒，雖盡量送秋波，其奈徒勞而無功何！

記者寫到這裡，得北平電訊，說湯氏宣稱絕竭全力抵抗，可見他也覺悟「暗送秋波」之無益。我們但望他能堅持到底，並望全國恍然於抗日救國，除共起作九死一生之奮鬥外無他途。

老實博士大觸霉頭

日本有位山川博士，因東京市長發起該市教育家懇談會，聘請幾位學者講演時局問題，山川博士也是被請之一。當時他在關於滿洲問題的演講中，頗對日陸軍省所取對滿行動作不滿意的講詞，謂此次滿洲事變，陸軍省宣稱滿案之發端係因中國軍隊炸毀南滿鐵路所引起，而實際則全無其事，已由種種方面證實云云，陸軍當局得悉該博士的談話後，大為震怒，要叫該博士作詳細解釋。這樣顯明的事實，給這位老實博士說了出來，日軍閥便「大為震怒」，可見軍閥的奇癖是自己作了惡，還不許別人說出真相，甚而還想有人替他稱賞幾句，所謂要叫該博士「作詳細解釋」，其意無他，改老實批評為存心獻媚而已。在這種軍閥威勢壓迫之下，山川博士除大觸其霉頭外，當然沒有第二條路！

日軍閥的這種奇癖不但對國內的坦白無私的老實博士作窮形盡相的表現，而且還要在國際上大出其醜。美國國務卿史汀生近在他那篇很著名的演說裡面（八月八日他在紐約外交討論會裡發表）說到日本侵略我國東北事件，直稱日本為「侵略者」(aggressor)，日軍閥雖在實際上有鐵一般的「侵略」的行為，卻對這「侵略者」三個字大表示其不高興！結果由日本駐美大使親訪史汀生請他「解釋」，表示抗議。明明搶奪了別人的東西——國土——卻厭惡強盜的名稱，怪不得我國對於賊伯伯有個雅號，叫做「梁上君子」，因為他雖作「梁上」生涯，究竟叫做君子！創造這個名詞的仁兄，必定對於「軍閥心理學」是很有研究的。

感謝狀

「九一八」是什麼日子？是我國東北被日本軍閥以暴力開始強占的最慘痛的紀念日。據路透社東京電訊所傳，日本擬在本月這一天正式承認他們所一手造成的傀儡，所謂「滿洲國」惡作劇至此，給與我們中國人的刺激，可謂至矣盡矣，但由瀋陽傳出的消息，日本為慶祝占據東北，已在籌備於九一八舉行大規模紀念，並迫我東北民眾在那一天向關東軍部呈遞「感謝狀」！淪入奴籍，還須誠惶誠恐的呈遞「感謝狀」，天下至慘極痛的事還有過於這樣的嗎？

日軍閥這樣的瘋狂的演著極端的滑稽劇，凡屬中華民族的一分子，想來沒有不髮指眦裂，切齒痛恨的。但記者仔細思量，覺得我們確有應該感謝日軍閥的地方，而且應該下決心力圖報答，理由如下：（一）中國領土號稱四萬萬方英里，蒙古、西藏已不翼而飛，東三省又被日本強占，所餘下的只有原有的一半了，即此一半領土內，尚有各國的「勢力範圍」，受種種不平等條約的支配。但在一群醉生夢死的不肖子孫，仍以地大物博自詡！經日軍閥這樣磨刀霍霍的窮凶極惡，雖再欲醉生夢死而不可得。（二）《非戰公約》及《九國公約》等等的紙上把戲，國際聯盟以及其他什麼「和平機關」的玩意兒，經日軍閥之摧殘蹂躪，不留餘地，我們應能深刻覺悟除自己努力圖存外，絕不再作其他僥倖妄想。（三）甘地的不抵抗主義原為不合作的抵抗主義，這種方法是否適宜於今日的中國是另一問題，但居然成為我國無恥軍人的遮羞的新名詞，這種病入膏肓的毒根，非經此次暴敵猖獗，我們民眾完全蒙在鼓裡，經此一試，醜態畢露，雖對外大家丟臉萬分，終勝於養癰之更貽大患。（四）馬將軍及十九路軍之血戰抗日，震動寰宇，盤根錯節，乃見利器，一方面在精神上予全民族以自信力，一方面使貪生怕死只圖私利者受民眾一致的唾棄。（五）東北義軍再接再厲，視死如歸，糧食利器，沒有一件及得到暴敵，但相持一年，日軍閥雖以六七萬大軍相迫，至今無可如何，日軍甚至自謂不畏官軍而畏民軍，可見唯有民眾的武力始能衛護民眾的利益。我們因日軍閥的狂暴獲得這許多好處，報答之道即在能根據上面所說的至慘極痛中得著的種種教訓，採用有效的抗敵救國的方策。既知苟安之不可能，國際倚賴之絕無可恃，唯有民眾共起奮鬥之為唯一生路，能詳定有效的計畫與步驟，負責領導民眾向這方面努力猛進的政府才有存在的價值，否則不必怕民眾之推翻，日軍閥的「感謝狀」恐怕要繼續不斷的送過來請袞袞諸公陪著坐待犧牲的民眾填注「呈遞」！

匪的公道

由香港傳來消息，據說蔣光鼐氏遊羅浮遇匪，不特未被劫，匪且願任護衛，表示愛護抗日英雄。

張季鸞先生在他的《歸秦雜記》提起「一種極有興趣的事實」。據說「陝省這兩年本無大股土匪，但零股劫掠者，自不能全無，而渠工（指涇惠渠）人員從未受害。工程處常以汽車載運大宗工資，往工程上去，一次也未遇險。工程處的旗幟徽章居然有保險之效！工程人員有遇劫者，但問明之後，仍然交還。」

蔣光鼐氏的抗日，為的是全民族的生存問題；小至一地方的工程人員是為著一地方人民的公共福利。遇著這樣為公眾而努力的人，匪也不願掠劫，我們不禁慨嘆於這樣主持公道的匪先生之足以引人起敬，世上雖不以匪自居而言行實不及匪者之應愧死！他們所問者「我」的權利，所不顧者他人為大多數民眾努力的工作，我們安得不聞匪先生的高風而發生無限的感喟！

但是轉過來說，常人每怪世間無公道，其實我們如細加考察，便知世間未嘗無公道，只怕我們自己的工作不足喚起公道的同情。民眾對於軍閥的厭惡與痛恨，可謂普遍已極，但並不把一切軍人都不分皂白的看作可殺的軍閥。像蔣光鼐氏曾經一度在事實上有了忠勇抗日的行為，不但民眾謳歌，匪亦加敬。做人只要問自己怎樣，不必問別人，更不必怨天尤人。一個民族的安危榮枯，也只要問自己怎樣，不必問別人，也更不必怨天尤人。

大呼不好的張宗昌

晉朝有位官兒名叫桓溫，曾經說過「男子不能流芳百世，亦當遺臭萬年」，一香就要香到百世，這還是人之常情，但香不成而要臭，而且要臭到萬年，這在心理學專家看來，不知是否變態心理。最近被人暗殺的著名軍閥張宗昌，生平劣跡，尤聞名於國際的是他對於蹂躪女性，具有專長，歐美報上甚至有建議請生理學專家對他的生理作特殊研究的，揶揄諷刺，可謂無微不至，在張是否能「遺臭萬年」，不得而知，而已能遺臭到全世界，似已達到目的，我國在國際間的榮譽，本已不絕如縷，又蒙軍閥們大在「臭」上宣傳，可謂霉頭觸足！

倘若不論好壞，只要有所專精而都可稱為專家的話，張氏大可榮膺娶妾專家的銜頭。他在權勢煊赫的時候，自己究竟有多少姨太太算不清楚，後來倒楣逃到日本的時候，還繼續的討姨太太，最近還新娶一個姑娘，可謂努力之至！據說他的許多姨太太雖在他倒楣後已逐漸散去，身後遺妾尚有十六房。豢養這許多姨太太的經費當然要在民脂民膏上榨取而來的。

張氏於本月三日晚六時偕隨員三人由濟南乘平浦車返平，石友三及張舊屬數十人到站送行，張在車上對記者團大談時局，至六點三十五分，歡送者下車，張下車一一握手，此時人叢中突有一人持盒槍指張，大眾驚散，張大呼不好，將頭避開，即沿站臺向東跑，刺客緊追，共中四彈而死，被捕刺客鄭繼成自稱為叔報仇，雖死無怨。殺人不眨眼的軍閥，末路東逃西竄欲自保一命而不可得，大呼不好而無可奈何，未死的軍閥們大可借鏡借鏡。

記者對於張氏的死，最覺得感觸的是我國民眾對於萬惡的軍閥們只能聽其自趨滅亡，而絕對沒有直接制裁的力量。等到他們自到末路的時候，國家民族所受的災禍已非巧歷所能計算了。像張氏這樣的人，在真正革命政治之下，那有再敢靦然「大談時局」之餘地？但是我們看到不久以前華北各將領一致禦侮的攝影中（《申報月刊》第二號中曾製版登出），立在張群氏左邊的就赫然有這位「張效帥」！倘若他不早死，也許還有重登政治舞臺做「要人」的希望，到那時又可把十六房的姨太太加到「算不清楚」的數量。這樣看來，在他覺得這樣隨便撒手而去是「不好」，卻也不無相當的理由。

有吉所要帶去的禮物

在中日這樣的目前現象之下，彼此還派有專使，雍容揖讓，原只可算是一種滑稽劇，但新任日本駐華公使有吉明氏的表示卻更滑稽，他到上海的時候，仍以恢復中日親善及共存共榮為言，我們固於哭笑不得中深深的欣賞到所謂「親善」，所謂「存」和「榮」的滋味兒，尤其可玩味的是有吉氏於八月三十一日由東京出發時在車中的幾句談話，他說：「關於承認『滿洲國』問題，擬向南京政府詳談一切，以求獲其諒解，此事雖難免遭反對，但仍擬隱忍自重，力圖解決……予現雖空手而去，但歸時必能攜帶相當禮物。」（見電通社東京電訊）掠奪了我們的國土，加上一個新名詞以作掩飾，這個把戲什麼人都知道得不必再有什麼「諒解」了，但他還口口聲聲要「求獲」我國政府的「諒解」，這不是明明把我國當局視為道地十足的「阿土生」而何！這已不能不算是不勝侮辱之至，而他竟十二萬分有把握的斷言「必能攜帶相當禮物」而歸，在嘴巴上空嚷著「收復失地」、「長期抵抗」的我國，聽了覺得如何？

其實有吉氏自以為客氣得多了，八月二十五日日本內田外相在眾議院答覆質問，甚至聲言：「為達到滿洲問題之解決計，縱令國家化為焦土，亦必不讓一步」，在這樣的強悍態度與決心之下，能不能「求獲」我國政府的「諒解」還成問題嗎？

敵方的態度和決心是這樣，我國政府若無「收復失地」和「長期抵抗」的切實計畫和實行決心（即不僅在嘴巴上空嚷），有吉氏所要的「禮物」有何法不送去？

做陰壽式的國恥紀念

讀者諸君看到本期的〈生活〉時，最慘痛的「九一八」的國恥紀念日已到了目前，大家必都在痛心疾首悲憤痛慨的空氣中，尤其是和帝國主義勢不兩立的勞苦大眾。

記者沉思默念，以為國恥可痛，僅僅做陰壽式的國恥紀念尤可痛。我國風俗有所謂做陰壽，想諸君都知道。替祖宗做陰壽的人家，並不希望死人復活，且於「壽」字的解釋也不求甚解，不過做給親戚朋友看看，在形式上表示對已死的祖宗並未淡漠，究竟淡漠與否，還是另一問題！關於我國和日本有關係的國恥紀念日，就其尤著名而較近的說，「五九」不夠有「五卅」，「五卅」不夠有「五三」，「五三」不夠有「九一八」，「九一八」不夠有「一二八」。除「九一八」的紀念是第一次遇著，其他的幾個五幾五幾，都成了老相知，到了日期照例紀念，紀念之後，政治依然，社會依然，什麼都依然！和做陰壽的人家，陰壽儘管做，死人還是死人，有什麼兩樣！

但是做陰壽似乎還沒有人干涉，國恥紀念能否容我們從容不迫的永續紀念下去，還成問題。我們看到《大公報》本月七日的「本市（天津）新聞」，最大標題是「市府奉令制止愛國運動」。小標題兩個：一個是「奉行政院令免貽口實」，還有一個是「公安、社會兩局派員查拿」。在當局也許是出於避免暴敵的苦心，但避免暴敵是否「免貽口實」所能奏效，固已成問題，而在平津已無自由紀念國恥之形勢，尤為鐵一般的事實。做陰壽式的國恥紀念已可悲，一直這樣依樣畫葫蘆的做下去，做了一個再來一個，來了一個再做一個，做到後來「國恥」不斷而甚至「紀念」亦有所不敢，其為可悲更何如？

記者的意思當然不是說國恥不該紀念，如把國恥忘卻，更無雪恥的時候。不過認為徒做陰壽式的國恥紀念，實伏有莫大的危機。不徒做陰壽式的國恥紀念則又奈何，請參看社友伏生先生在本刊七卷三十七期一文中的建議。

家仇與公仇

以「綠林大學畢業生」自命的無惡不作的軍閥張宗昌被刺之後，全國人都說該死，連停柩於濟南安徽鄉祠內，都要引起安徽旅滬同鄉會的抗議，民意所在，可謂彰著，不過不能制裁軍閥於作惡之時，僅能泄怨於軍閥自趨末路之後，這仍是民眾力量薄弱的徵象，國事之所以糟，這也是一個很大的原因。況且即在這個軍閥已到日暮途窮的時候，倘無鄭繼成其人發憤一擊，他還得逍遙法外，來去有人迎送，開口大談時局，觀於張氏被刺後，全國人心為之一快，可見國人皆曰可殺，國人皆曰可殺而獨有鄭繼成一人出來動手（暗殺時雖有助手，但主動的是他），鄭繼成之不可及者在此。

有人說鄭繼成替他叔父報仇，不過是家族主義的遺型，固有相當的理由。他自己一方面承認「為國除害」，一方面也並不否認「替叔報仇」。但他「為國除害」不在他的叔父被張冤殺之前，而在他的叔父被張冤殺之後，可見他雖知張為殃民禍國的軍閥，而所以能下決心「為國除害」，還是以「替叔報仇」做重要的出發點。不過記者作這樣的分析，並不因此覺得鄭繼成之不應得我們的同情，因為他雖是「替叔報仇」，同時也「為國除害」，殺了一個國人皆曰可殺的軍閥。所以我們主張此事由法庭經過審判手續之後，如法庭認為有罪，應由政府加以特赦。

與鄭繼成同被捕的刺客陳鳳山亦頗有「慷慨悲歌」的精神。據鄭於事後對新聞記者說：「……獨陳鳳山誓死不下車，以余形色有異，堅詢任務，誓同生死，余含淚告之，陳亦先叔父舊人，聞余言泣數行下，願慷慨同死……」鄭、陳雖同樣的「為國除害」，但一則發動於為叔父冤死復仇，一則發動於朋友的俠義，雖皆有其令人起敬之處，在貪生怕死，事仇若父的人們，對他們尤其應該愧死，但我們應把這種嫉惡如仇的精神擴充起來，由家族朋友復仇的狹隘的範圍，擴充到願為全民族而犧牲的範圍，庶幾「十目所視，十手所指」，使魑魅魍魎不致恣睢橫行於光天化日之下。

對照下的慘狀

慘狀每因對照而愈顯露其慘酷，「路有凍死骨」可謂慘酷了，但加上「朱門酒肉臭」，乃愈使人覺得慘狀之更為無可再忍。國難到了這樣的地步，除了「慘」字，原沒有別的可說，但如把最近公開的事實作兩方的對照，其難受更非人世間任何說法所能形容。

（一）日本東京在本月十五日午後「有各團體代表三萬人，聚集安國神社，慶祝承認『滿洲國』，旋有軍樂隊領導群眾赴皇宮之前，途過海軍省、陸軍省、外務省及首相官邸時，均大呼萬歲，繼列宮前於狂呼萬歲聲中鞠躬致敬，陸相與政友會、民政黨、國民黨總裁均有賀詞致各報。」這是十五日路透社東京電訊所報告的情形。在日本有這樣興高采烈的遊行慶祝，慶祝他們吞併了我們三千萬同胞所棲身的五百萬華方里的國土！當這一天，受著千萬冤屈的我國怎樣？路透社十五日北平電訊有這麼一段：「此間因當局嚴禁公共示威運動，故今日對日本承認『滿洲國』並未發生騷擾，僅有國立某大學附屬中學之學生四五十人，於午後在煤山附近道中集會，作反日宣傳，當有警察馳至勸眾散歸，眾不願，警察乃發空槍數響，並將全隊學生拘至大學附近之警署，將解至公安局。」

（二）到了九一八國難一週年紀念的這一天，日本東京當然少不了舉行各種紀念會，陸軍當局還挑選參加戰爭的軍人分赴全國各地遊說。在瀋陽則有日僑萬餘人參加遊行，在鄉軍人等分乘四十輛貨車，遊行市內，入晚市民數萬舉行提燈大會。長春等處亦有學童參加遊行，動輒以萬計（均見電通社電訊）。在這一天我國當然不免舉國哀悼一番，但只得關著門幹！各工廠只得「萬勿停工，以免釀成事故，所有紀念儀式均在廠中舉行」；各學校亦「嚴禁學生遊行示威，各於是日上午在該校內舉行誌哀禮，並勿許任意出校，以免發生意外」。（見十九日滬上各報）

（三）在淞滬抗日血戰期間，日海軍之慘殺我軍民，尚歷歷猶在目前。本月十二日夜裡，日海軍居然在我國的首都示威，「停泊下關外的日軍艦以機關槍兩架安置大阪商船會社碼頭，並有水兵在碼頭附近巡邏」（見十三日路透社南京專電），對我國可謂傲慢已達極點。但我國海軍之雍容禮讓，雖在日本決予承認偽國，一般民眾憤慨緊張的時候，仍能完全保持，何以見得？報上不是明明載過：「日海軍第三艦隊司令左近司於日前由漢返滬，吾國海軍部以新艦寧海號係日本軍工廠所製造，故陳部長特於昨夕來滬，在海軍聯歡社宴請左近司及日駐滬海軍長官，以表謝忱，席間盡歡而散」云云。（見九日《時報》）

（四）我國駐日公使蔣作賓氏曾於十日訪問日陸相荒木，問荒木「此後兩國間的親善，如何可以達到，願聞無忌憚之意見」，又說「現雖有作保持中日親善，確立東洋永久和平之道，在及早承認『滿洲國』之說者，但此外若尚有解決此問題之良法，則華方當不惜竭力從事」，和婉遷就力謀妥協的態度，可謂不能再軟弱了，而荒木之強硬意態適成另一極端，他老實回答說：「承認『滿洲國』為日本政府既定方針，絕對不能變更，中日兩國之親善，應與『滿洲國』問題，另行考慮」；又說「中國應將滿洲，上海之事變，以區區之問題而忘卻，並反省從來之態度，而為東洋和平盡力於兩國親善外無他途。」（見十日日聯社及電通社東京電）

以上所舉的幾個最近事實的對照，都是各中外日報上公開登載過的，不是小百姓有意造謠，不過略把幾件對照下的慘狀彙集在一處，以便國人看得較為清楚一些罷了。有人以為以中國積弱的國家，勢不能不忍辱含垢，未可作孤注之一擲。記者以為當前國難除作九死一生的拚死鬥爭外，絕非無計畫的忍辱含垢所能倖存，東北義勇軍之打出一粒彈算盡一分心的拚死抗敵鬥爭，才是我們全國拚死鬥爭的模範，暴日至今在東北之得不償失，就是我們的這班東北健兒的鮮血的成績。我們儘管逐步退讓，他們盡可逐步侵略，到了這個地步，絕對沒有我們畏首畏尾計較得失的餘地了。

不勝欽佩之至

最近在中華民國的國土內，有一陣有聲有色的激戰，參戰的分子裡面沒有碧眼黃髮的西洋朋友，也沒有肚裡疙瘩多的東洋矮子，卻是同屬於中央政府軍事委員會的軍事長官，都是道地十足的國貨，青島電訊關於此戰的報告雖寥寥數語，頗見精彩，據說：「十九日下午二時韓、劉兩軍在掖縣西南十八里神堂鎮激戰移時，雙方均有傷亡，劉軍敗退，韓軍乘勝進攻，將掖縣包圍，便衣隊在內響應，劉軍棄城退走，集中朱橋，準備反攻，韓軍得將掖縣完全占領……聞劉決意抵抗到底，雖全部犧牲，亦所不惜。」他們兩方面自己都宣言是「萬不得已之苦衷」，照報上所宣布的看起來，似乎不外餉銀多少和地盤大小的關係，在老百姓看來只覺他們有所爭奪而已，不感到什麼興趣，不過看到他們這裡「進攻」，那裡「敗退」；這邊「退走」，那邊「反攻」，那種參戰的精神，不得不表示不勝欽佩之至！尤其是把武人們對於外敵侵略的冷淡態度，和對內戰爭的熱烈態度比較一下，更不勝其欽佩之至！

據西報所載消息，劉軍動員四萬人，韓軍動員五萬人，動員之多而迅速，這不得不欽佩之至者一。韓復渠態度堅強，力主武力解決，劉珍年勢雖窮蹙，亦以全力應戰，進攻之堅決與抵抗之勇敢，這不得不欽佩之至者二。韓、劉本人都親到前線指揮，冒槍林彈雨之險而不顧，督戰之認真與忠勇，這不得不欽佩之至者三。

此外不勝欽佩之至，還應有更充分的更堂皇的理由。有！倫敦《曼哲斯德導報》講得很明白，它說：「山東軍閥縱非確切為日本臂助，亦予東京以一極佳之機會。」又說：「內戰殘殺，幾為中國常軌，但山東亂事，特別重要，蓋日本帝國主義者，對此半島垂涎已久，中國北方如發生戰事，將於滿洲日軍及日本外交家大有裨益。」這是最可痛心的影響，有何不勝欽佩之至有？但是最可痛心而竟有人覺得最不必痛心，反而大起勁兒，不是大可不勝欽佩之至的嗎？

為賤民絕食的甘地

年逾六十，被人稱為「活著的骷髏」的甘地，最近為「賤民」絕食，又震動了全世界人的耳目。所謂「賤民」，即階級素嚴的印度人民中最受壓迫的最可憐憫的一個階級，又稱「不可接觸」(Untonchable)，其受人賤視的程度可以想見。最近英政府決定對此「賤民」階級規定各別的選舉區，給與有限制的參政權，甘地則主張須與以絕對平等的參政權，反對歧視「賤民」階級，使他們和其他階級顯分軒輊。他自九月二十日起絕食，對英政府表示抗議，他對人說：「上帝界予良好機會，犧牲一己，為數百萬被壓迫生靈爭最後的勝利。」他餓到第四日已漸入危境，語聲細微，嘔吐頭昏，張目困難，可謂吃足苦頭，生命斷續，有如千鈞一髮，截止記者執筆草此文時，印度教領袖因欲保存甘地一條老命，已多方奔走商洽，與「賤民」成立協定，犧牲印度教徒許多議席，廢除低等階級單獨選舉辦法，只待倫敦覆電贊成，絕食即可終止，我們很誠懇的希望甘地先生的那副「骷髏」仍能「活著」。

印度詩人泰古爾嘗說甘地是犧牲的代名詞，他這次「為數百萬被壓迫生靈爭最後的勝利」而絕食的舉動，也是這種犧牲精神的一種表現。天下最可寶貴最可敬重的莫過於為大眾奮鬥的犧牲精神，甘地在這方面的表現感人至深。所以他的夫人受著他的感動而被拘入獄，他的兒子受著他的感動而被拘判罪，他的卓有聲望的信徒英人史德萊女士在今年八月底也為著努力甘地主義而入獄，監獄客滿，英政府大感困難！

反抗帝國主義的橫暴，絕非「非武力抵抗」所能獲得實效，所以我們對於甘地的方法不無疑義，不過在已亡的印度既無武力可用，甘地的苦肉計，卻不能不算是他的盡量的努力。他靠著那一副「活著的骷髏」盡量的努力，已把英帝國主義壓迫印度的罪狀大暴露於天下。他的方法雖有可議，但是他為大眾而犧牲自我的偉大精神，和在艱苦困難中的盡量努力，實足與日月爭光，萬古不朽。

無慶可祝的國慶日

剛過了慘痛屈辱的「九一八」國恥紀念日，轉瞬間無慶可祝的雙十國慶紀念日又到了目前。遇著忍辱含垢的國恥紀念，固是我們相對慘然的日子；遇著有名無實的國慶紀念，又是我們相對慘然的日子。任你東鑽西竄，總脫不了慘然！我們中華民族難道就聽任這樣循環不絕的日在慘然之中嗎？還是要轉轉毅然決然自拔的念頭，跳出這個慘然的圈子？這是當著這一天，全國人應於悲切沉痛之中提出檢討的重要問題。

我們與其作無謂的嗟嘆與悲傷，不如睜開眼睛看看也在狼狽之中的敵人實況，和我們自己所應奮鬥打出的生路。此處所謂敵人，當然是指侵略我國尤其露骨尤其凶狠的日帝國主義者。據日本內務省社會局所調查，今年度家族自殺者共有一千四百十九人，其中為家長者五百九十八人，為雙親迫同死者八百二十一人，原因為失業者居多。（見華聯社八月二十七日東京電訊）日本製絲製鐵及礦山諸工業，因財界不景氣，受大打擊，據日本內務省社會局調查，自昭和六年至七年四月，各工場未付工資者共八百零五所，未受工資工人數十萬。（見日聯社九月二十五日東京電）從這樣東鱗西爪無意流露中的消息，已可概見日本一般勞動群眾生活的窘迫痛苦，這種嚴重現象不但不能激起日本軍閥的覺悟，反使日本軍閥認為有加緊對外侵略，以謀日本經濟危機出路的必要，於是侵略軍費，有加無已，本年總預算十九萬萬圓日金中，軍事費約八萬萬圓，今年度半年間已發行公債七萬萬八千萬圓，截至明年度三月底將超過十萬萬圓，僅利息一項就要五千萬圓。發一萬萬圓公債需要利息五百萬圓，公債愈多的利息亦隨之增加，照此下去，財政非破產不可，而且有產階級坐食巨利，平民群眾則多擔負利息，怨憤所積，終有潰決之日。日資本帝國主義雖仍在那裡竭力支撐殘局，卻處處顯出矛盾和破綻，正向在沒落的路途狂奔；資本帝國主義之終必崩潰，乃必然的趨勢。說穿了，我們所要對付的敵人是這麼一個終必沒落的傢伙，更能增加我們的勇氣，倘若我們確有奮鬥的決心和準備的話。

記者特提出「奮鬥的決心和準備」，認為這一點是值得我們特殊的注意，因為資本帝國主義之終必崩潰是一事，而中國如何自己打出一條生路又是一事。倘若我們沒有奮鬥的決心和準備，也許帝國主義尚未崩潰，而我們自己先已崩潰！所以我們雖可因世界大勢的觀察而增加勇氣，雖可因世界潮流的研究而辨別途徑，但能否自救，還是要看我們自己有否奮鬥的決心和準備為轉移。無論是帝國主義和帝國主義間的衝突而引起戰爭，或帝國主義的連合戰線和反帝運動的戰爭，世界大戰之必將到來，似乎是確然的了。有人以為世界大戰發生，也許就是中國翻身的日子。但是這也要看我們的奮鬥的決心和準備怎樣，如仍是老這樣的泄泄沓沓，敷衍苟且，到那時還不是人為刀俎，我為魚肉？如何能把這個臭皮囊的身體翻轉過來？

奮鬥的決心似乎較易明瞭，雖則沒有真切信仰的決心仍不免是模模糊糊，或陰陽怪氣的。至於要做奮鬥的準備，以記者愚妄之見，以為最須先打破的錯誤觀念是把政治和經濟軍事教育等等事業隔離起來，認為是各個可以獨立干的。其實政治革新固為先決問題，而這等等不過是全盤計畫中的幾個方面，彼此非打成一片不可，否則枝枝節節，絕對沒有功效可收的。其次，我們要反抗資本帝國主義的侵略，是否自己仍應向資本帝國主義的路上跑？其實此路固然跑不通，就是跑通了，不過奉陪帝國主義同奔沒落之路，一切問題還是不能解決。記者認為這兩點是根本上應加以切實考慮的原則。

國恥固慘，國慶亦慘，但即「牛衣對泣」，於事何濟？故記者除在積極方面略貢愚見外，並約了幾位素喜研究問題的朋友，在本期特刊裡做了幾篇關於積極方面的文章，藉供國人的參考。

監察委員的公騷

諸君瞥見這個題目，也許覺得「公騷」這個名詞費解，其實說穿了也沒有什麼，大家都知道什麼叫發牢騷，最近久無聲息的監察院，居然由全體監委共同發了一大頓牢騷，這種全體的牢騷，似可稱為「公騷」。話說該院全體監委於本月六日呈院長於右任氏轉呈中政會督促國府早日成立懲戒機關，行使職權，略謂自一中全會後，國府改組，瞬逾半年，府會從未集會一次，依法應行組織之懲戒機關，迄未成立，致本院移付要件，積壓至十九件之多，無人過問，長此因循，則居要津者，無論若何任意妄為，均可逍遙法外，不唯本院等於虛設，亦且有失法律平等精神，中央年來三令五申，剷除貪汙，若高級官吏之貪汙者不予懲戒，則上行下效，雖有良法，將等廢紙，影響於吏治前途，至重且大云云。這種老實話如果不是出於監委諸公之口，大有色彩濃厚或有意反動的嫌疑。

當監察院成立之初，於老老對社會宣言不但要打倒蚊蟲蒼蠅，並且還要打些老虎，頗見雄心勃勃的氣概，後來他到處碰壁，宣言現在時代只有槍彈有效，知道他的老興已裝到冰箱裡去，故記者曾有〈哀監察院〉一文之作（見本刊第六卷第二十八期），謂「老百姓只覺監察院不過等於『吶喊院』，實深惋惜」，現在聽到監院全體監委的公騷，才知道就是提高嗓子「吶喊」，也還是沒有人睬——呈文裡所謂「無人過問」——可見由「監察院」演化而為「吶喊院」還沒有演化得夠，又由「吶喊院」演化而為「公騷院」了！這誠然是中山先生發明五權憲法的時候所萬萬夢想不到的成績！

在監院全體監委諸公不願坐享清福而還要在「依法」、「妄為」、「逍遙」等等上面斤斤較量，這是責任心的表現，我們應表示相當的同情和敬意，不過這是有關全盤政治的問題，不僅是添設一二機關的問題，政治能有軌道可循，各方都能尊重法律，然後設立懲戒機關，才能執行它的職權，監察院有了這樣能夠執行職權的懲戒機關，才能獲得實際的效果，否則仍如於老老所謂「只有槍彈有效」，那末「監察院」固不免要成為「公騷院」，就是「懲戒機關」也何嘗不可成為「公騷機關」呢！

國聯給中國的特惠

自東北國難發生以來，我國所唯一仰望的救星國際聯盟，它的千呼萬喚的調查報告書總算公布了。該報告書所加於中國的罪名是「抵貨」與「排外」，所建議的解決辦法是不僅東三省應由國際共管，全中國都應由國際共管，社友伏生先生曾在本刊有過很深刻而明瞭的分析，想讀者都已知道，無須記者多說。全中國應由國際共管，這是我國對國聯千乞萬求，國聯於哀矜中所慨然賜給我們的特惠！

但是中國所應敬領的「特惠」並不僅此，據路透社本月六日日內瓦電訊所述：「中代表胡世澤博士今日在國聯大會中演說，提議除醫藥與科學用途外，完全禁售鴉片，謂中國享有一種非其所欲之特惠，西方某數國在其本國禁賣鴉片，而在殖民地則許售賣，且有規定如購者為華人則可出售者，此種態度殊可抗議。何以華人獨許購食鴉片？中國從未要求此種特惠云。」我們才恍然於中國所得諸各帝國主義的「特惠」，除俯受國際共管外，還可絕對自由地購食鴉片。胡博士很鄭重的聲明「中國從未要求此種特惠」，無須要求而即自動的把「特惠」送來，「西方某數國」未免太客氣了。

這種「特惠」，我想凡是做中國人沒有不想「璧謝」的，因為他們把「華人」和他們的「殖民地」的奴隸放在同等優遇的地位，這當然要引起我們的反感，怪不得胡代表說是「殊可抗議」。不過我們不願做所謂「殖民地」的奴隸，卻不是「抗議」所能了事，我們先須問中華民國的國土內是否仍有無數軍閥強迫人民大種罌粟？是否無時無刻不在加工製造癮君子？是否有實無名的公賣成為公開的祕密？倘若我們無法答個「否」字，我們是否已把自己造成道地十足的「殖民地」的奴隸？這樣的自作孽，享受「特惠」之日方長，「抗議」未免多事了！

鴉片公賣民意測驗

中華國民拒毒會鑑於日來各省紛傳鴉片公賣，特舉行民意測驗，以覘向背，所出的測驗問題共有十一個。記者不幸忝為這個偌大「煙國」的一個「民」，對於這個抽煙大問題也頗有一些「意」要表示一下。

劈頭第一個最使人看了傷心的問題是：「鴉片公賣是否有違背總理拒毒遺訓？」「總理」明明說過：「對鴉片之宣戰，絕對不可妥協，更不可放棄，苟負責之政府機關，為自身之私便及眼前之利益，倘對鴉片下旗息戰，不問久暫，均屬賣國行為。」這是何等的嚴厲！凡是自命為他的信徒的倘有絲毫違背他的嚴訓，便是「賣國行為」，都在可誅之列！我們所覺得傷心的是「總理」的音容宛在，而遺訓等於白說的豈獨拒毒一事為然？現在初小兒童所能朗朗上口的「三民主義」，民族怎樣？民權怎樣？

民生又怎樣？倘「總理」尚在人世，必不勝其「賣國行為」之怒斥，不知要氣到什麼田地！但在此慘況之下，所謂「民」者卻只有俯首表示滿意的份兒，否則儘管追想「總理」的遺訓，深痛實際和他老人家的意旨背道而馳，都不免在反動之列，但是講到拒毒會所出的這第一個測驗問題，我們做「民」的「意」之所在，無論怎樣願意表示十二萬分道地的滿意，實在不忍把「總理」說得那樣明白的「拒毒遺訓」和「鴉片公賣」認為一物，不免冒犯，奈何奈何！

但在貪官汙吏土販煙商卻也振振有詞，因為「總理」所怒斥的是「鴉片公賣」，現在所有的是在「鴉片公賣」之上可加「變相」兩字——至少在名義上是堂皇冠冕到了極點。例如關於這類的造孽稅，只要加上一個不知所云的「特」字，便好像什麼毛病都沒有而大可心安意得了！此外明明是鴉片可稱「特貨」，熬熟了的煙膏又可稱「戒煙藥膏」，鴉片館竟可稱「戒煙室」！這並不是記者向壁揑造，本刊各省通訊屢有事實的敘述。這樣抽煙的人和賣煙的人都可以說並不違背「總理拒毒遺訓」，誰能說他不是呢？

說了許多，只答了一個測驗問題，慚愧慚愧。

憂慮國事自殺

海軍部下關魚雷營副營長曾國暹君因憂慮國事，於本月八日用手槍自殺。曾君閩人，年才二十九歲，煙臺海軍學校五年畢業後，在各艦充當見習生兩年，期滿後被派為下級海軍軍官之槍炮官等職一年，海軍部以曾君志氣高尚，成績優良，於民國十八年被派赴日本入海軍魚雷學校留學兩年，剛於本月二日回國，到部報到，奉令委為魚雷營副營長，到差視事，即對同仁述在日留學兩年時，個人及國家所受侮辱均達極點，自九一八事變發生後更甚，回國後，視國人執迷不悟，對國事極抱悲觀，視事後才三日，突於八日晨以手槍自殺。海軍部長陳紹寬氏謂曾君學剛完成，正為國家效力之際，厭世自殺，良深浩嘆。他不知道曾君之死，正是因為我國海軍在國防上毫無禦外的意向，簡直沒有機會為國家效力，為有志者所不能忍，故憤而出於一死。在目今身居武職高位，坐視外敵侵略而安逸不以為恥者，隨處都是，其精神的萎靡，和臉皮的粗厚，已成習慣而為第二天性，曾君獨覺不能忍受，不可謂非鶴立雞群，但憂慮國事而至自殺，與國事究有何補？我們於哀敬之餘，不禁為曾君發生無限的悼惜。

自國難發生以來，我國海軍除能對敵艦鳴炮致敬及恭宴日海軍官聯歡外，未聞有何稍稍可以掩醜的舉動，曾君身居海軍界，所受刺激必較常人為尤甚，但無恥者長生，有志者夭折，豈非反使國家受極大的打擊？所以僅僅有志不夠，有志而尚須具有奮鬥的精神。共圖民族的復興，前途困難之多與所須抵抗力之大，實為意中事，所以我們必須準備和困難抵抗，必須存心和失敗鬥爭，必須努力與忍耐兼備。

為軍閥諸公鑄鐵像的研究

最近本埠有何濟翔君在《申報》上公布寫給廢止內戰大同盟會總會的一封信，向該會建議替內戰的軍閥諸公鑄鐵像，頗見蓋籌，不勝欽佩，不過以記者之愚，覺得他的計畫如要「能收實效」，仍是「究有幾何」？他說：「居今日而欲謀徹底掃蕩軍閥，捨革命外，別無他途……在今日而欲空言廢止內戰，不從根本謀解決，不論何種方策，只有歸於失敗，絕不能獲得絲毫效果，往事歷歷，可為明證。」可謂一針見血，語語中肯。但他卻接著說道：「雖然，於此獨有一事焉，值得吾人為之者……即為從事內戰者範鑄鐵像……擇本市各重要處所植立之，使受萬人唾罵，且永著惡名，彼萬惡軍閥……苟猶稍有人心，覩此必不能無所愧怍」（以上引語均見十月十七日《申報》），中華民族的附骨之疽，外為帝國主義的侵略，內為軍閥官僚的蹂躪，內外夾攻，勾結橫行，不知死所的是我們老百姓，所以我們聽見有使得軍閥諸公「愧怍」的「方策」，沒有不舉手贊成的。不過對鑄鐵像的建議仍有下列的疑點：

（一）內戰為「萬惡軍閥」作惡的一端，此外如勒種鴉片，公賣鴉片，苛捐雜稅，盡量貪汙，暴力壓迫，吸盡脂膏，置民死地，以及其他種種舉不勝舉的慘酷黑暗的暴行，其罪孽並不遜於內戰，今若專為從事內戰的軍閥鑄鐵像，未免使其他「萬惡軍閥」抱向隅之憾。而且小軍閥的後面還有大軍閥牽線，如鑄小不鑄大，鑄從犯而不鑄正犯，都欠公平。

(二)倘對禍國殃民的「萬惡軍閥」一視同仁，每位軍閥都很公平的替他鑄個鐵像，顯揚顯揚，不但當此國防工業重要時期，沒有許多鐵的產量可供虛耗，而且「各重要處所」亦不敷諸公許多鐵像「植立」之用。墳墓累累，占地過多，已不經濟，今於死人墳墓之外，又加上許多等於死人的生人的鐵像，殊為經濟學所不許。

(三)而且「萬惡軍閥」的「人心」是喪盡了的，面皮比牛皮還長得厚，恐怕雖鐵像林立，在他們仍是顧盼自雄，甚至把鐵像當銅像看，那末鐵是白費了，地皮也是白占了，水深火熱中的老百姓還是在十八層以下的地獄裡！

然則奈何？何君在前段已說得很清楚了。

玩什麼把戲！

記者前因有「要人」及在野名流為國家多難，災患洊臻，發起在北平雍和宮起建金光明道場，「以祈轉移劫運，造福國家」（發起人戴傳賢等的「募捐啟」中語），在本刊七卷第二十七期裡特作〈死路一條！〉一文，聊為民眾驅除妖孽。近幾天有所謂「時輪金剛法會」者在北平大擂大鼓的鬧得天花亂墜，新舊所謂「要人」者亦趨蹌恐後的入壇參禮，恭敬無比（聽說伍朝樞適在北平，獨不赴法輪會，倘果確，值得稱許），又有不少妖孽在光天化日下蠢動了！

他們玩的把戲是由班禪在法會率各喇嘛僧眾七十餘人各持法器捧誦經咒外，並向萬餘男女施什麼「法水灌頂」，灌時先用紅帶纏眾目，使不得見，灌後各賜白藏花圍頸，並加給各要人及蒙王以五福冠，一切手續均甚神祕。

關於這個「法會」，九月間在上海就有大幅廣告登出，上海灘上所謂名人者亦有不少署名。劈頭就說「同人等前以十六省水災，繼以東北上海兵禍，天時人事，重苦吾民，皆因眾生業重，亟應乞法消除，發起時輪金剛法會」，「特設位超薦各省歷年陣亡將士水旱癘疫天災死亡人士」。釋氏稱惡因曰「業」，袞袞諸公和一班附驥尾於軍閥官僚的士大夫自己作了不少的孽，殃及池魚，老百姓總算是道地十足的「魚」了，現在卻把這罪惡完全推在「眾生業重」，輕輕一卸，可謂無恥之尤！

該「法會」最近在北方各報所登啟事又有一種新穎的說法，說「年來天災人禍，迭出不窮，民生塗炭，流亡遍地，同人等以人力無可挽回，冀佛力或可垂救」，「佛」是不會說話的，「人」是難於諉責的，現在拉著不會說話的「佛」來負全責，「人」大可如釋重負了！怪不得有人說現在出兵收復失地已絕望，只有希望在天之靈的中山先生招集黃花崗七十二烈士的忠魂，調集歷來死難的義軍出關去幹一下！有鬼來幫忙，我們只要坐享其成，豈不大大的合算嗎？

梁作友的下場

自稱捐款三千萬圓的梁作友，自赴漢被逐之後，一幕騙局才告一結束。聽說梁已自知不能再事招搖，特發表一篇似通非通的「解釋書」，內容大意自承他捐款三千萬圓實為烏有之事，不過藉此惹人重視，得此拜見當局，使彼平生研究之救國計畫，得向當局面陳，固知事類招搖，有干國法，唯愛國情殷，粉身碎骨，亦所不計云云。梁由漢回京後，財部對梁已不招待，在中央飯店住宿期內之欠費百餘圓亦有不承認的表示，該飯店帳房乃屢次向梁討索，梁謂等財部回信再說，該店見此情形，已催梁遷出。至梁之所謂祕書李某，亦垂頭喪氣，若不勝其悲戚，且資斧缺乏，每餐購燒餅饅頭等物，與梁背人吞嚥，窮窘之狀，難以形容。騙局的下場如此原無足怪，且梁以毫無根據的空言，竟一度「惹人重視」，非幸運遇著中國社會之缺乏常識，政府機關之顢頇糊塗，絕不可得，而梁終竟得之，已屬萬分僥倖了，我們希望梁先生不要灰心！

種瓜得瓜，種豆得豆，「梁財神」的這件事的本身原無足論，不過我們試睜眼靜觀，雖無梁作友的騙局形式，而實具有梁作友的騙局內容的，隨處可見，乃世人對梁責備獨苛，記者又不勝為梁先生叫屈了。當東北禍變初發生的時候，所謂「收回失地」之聲洋洋盈耳，在國民聽來，未嘗不好像初聽見梁作友先生的三千萬圓巨款之動聽而感奮無地，現在「收回失地」一變而為「長期抵抗」，對敵能「抵抗」，且能「長期」，較之梁先生的三千萬圓仍無遜色，所可惜的是東洋矮朋友對這些把戲一概勿賣帳，只怕十九路軍之「短期抵抗」，日軍部聽說馬占山將軍依然健在而惶恐萬狀，看見蘇炳文將軍的態度強硬而再三懇求，究竟是什麼道理呢？說穿了一個錢不值，十九路軍以及蘇、馬等等，都是切切實實不折不扣地幹給矮朋友看，和梁作友先生異趣；若所謂「收回失地」，以及「長期抵抗」云云，在事實上的表現便無以異於梁作友第二了！矮朋友有恃而無恐者在此。

思想犯罪

據日本文部省調查，去年度日本全國學生因思想犯罪而被處分的事件，計一百四十八件，被處分人數計八百六十二人，打破以前紀錄，就中高等學校占五十一件，四百一十名，為總數之百分之五十，至本年度學生因思想左傾而犯罪者仍有增加。去年既打破以前之紀錄，今年又仍有增加，統計表上的這條曲線大概總是向上高而不會往下低的了。

禽獸能否說得上有思想，我們雖不得而知，自詡為萬物之靈的圓顱方趾的人類，所以異於禽獸的，至少是特富於思想，似乎是一個很重要的特點；捨禽獸而比較人類，人的智愚差異，思想當然也是很重要的特點。這樣說起來，思想原是可以珍貴的東西，方培養之不暇，何為目為「犯罪」而「被處分」呢？這裡面的緣故，在如今最時髦的罪名是「左傾」。如果你服從「中庸」之道，看見「朱門酒肉臭，路有凍死骨」一類的不平的事實，只當你未曾生了兩隻眼睛，或雖無法把眼遮蔽而不幸看見了，只認為那「朱門」裡面的那些「吃人」的人是幾生修到，而那「路」上的那些「曲死」是罪有應得，除此以外，一點不動天君，那是最合於明哲保身的三昧，什麼毛病都不會出！否則這是「左傾」思想的發源地，便不免「犯罪」，便不免「被處分」了！壓迫「左傾」思想的人們，只注意於「左傾」思想，而不注意於「左傾」思想的發源地，不知這種發源地一日存在，由這裡發源的「左傾」思想即無法消滅；這種發源地愈悽慘愈擴大，「左傾」思想亦必隨著激進而廣播。我們姑不談思想方面的什麼高深理論，且請睜睜眼睛看看當前的事實。

在我國歷史上，壓迫思想的模範人物殆莫善於焚書坑儒的秦始皇。他自以為這樣便可穩得「關中之固，金城千里，子孫帝王萬世之業也」，但終因「父老苦秦苛法久矣」，瞬息亡於斬木揭竿之手，很可以做不顧事實但知製造「思想犯罪」者的參考材料。

中山先生誕辰的感想

這篇短文和讀者諸君見面的時候，剛巧是在孫中山先生的誕辰紀念日。遇著「致力國民革命凡四十年」的孫先生的誕辰，照例是應該慶祝的，不過假使他老人家在天而果有靈的話，在雲端下瞰這樣一個外患內憂民生塗炭的中華民國，無疑的要破笑為涕，只有揮淚痛哭一番！所以與其說這是他的信徒慶祝的日子，不如說這是他的信徒——倘若是真正忠實的信徒——悲痛懺悔的日子！沉痛自責的日子！沒有臉面對此偉大領袖的日子！在捧讀「總理遺囑」之後，俯首靜默三分鐘之中，應汗顏無地，深愧無以對此偉大領袖的付託和他所念念不忘的四萬萬同胞！

我們越想到他老人家的話，在這一天越不免哀痛！他曾經這樣的說過：「……民族主義是對外國人爭平等的，不許外國人欺負中國人。民權主義是對本國人爭平等的，不許有軍閥官僚的特別階級……民生主義是對於貧富爭平等的……要人人都能夠做事，人人都有飯吃。」現在的實況如何？「外國人欺負中國人」的成績如何？軍閥官僚的橫行如何？一般國民的「做事」問題和「吃飯」問題又如何？他老人家在雲端裡望見了不要痛哭嗎？

他又曾經這樣的說過：「中國數千年以來，有志的人本不少，但是他們那種立志的舊思想，專注重發達個人，為個人謀幸福，和近代的思想大不相合，近代人類立志的思想是注重發達人群，為大家謀幸福。」現在的實況如何？「專注重發達個人，為個人謀幸福」的成績如何？「為大家謀幸福」的成績又如何？他老人家在雲端裡望見了不要痛哭嗎？

他又曾經這樣的說過：「人心就是立國大根本……得人心的方法很多，第一要本黨現在的黨員人格高尚，行為正大，不可居心發財，想做大官；要立志犧牲，想做大事，使全國佩服，全國人都信仰。」現在的實況又如何？「發財」和「做大官」的成績如何？「犧牲」和「做大事」的成績如何？「全國佩服」和「都信仰」的成績又如何？他老人家在雲端裡望見了不要痛哭嗎？

所以記者敢冒昧的建議，忠實的信徒們在這天應抱頭痛哭一番！

李頓深慮中國青年

國聯調查團的團長李頓總算是一位老滑頭，但最近這位老滑頭似乎說出了幾句心坎中的話。據本月四日倫敦電訊所述，英國國會上院對滿洲問題有所討論，李頓勛爵亦曾參加，他說：「吾人此時苟不能堅決與智巧的處理此糾紛之局，遠東定將有長時期之混亂與戰爭，蓋中國遲早必將振興，彼後起之青年或將開始準備報仇與戰爭之政策也。」老滑頭最靠不住，但是老滑頭的觀察有時卻也可以特別老到。李頓到中國南北跑了幾趟，他不把中國的既要錢又怕死的軍閥官僚們放在眼裡，卻戰戰兢兢的深慮到中國青年之「準備報仇與戰爭之政策」而斷言「中國遲早必將振興」，他的那副老眼總算不差。

不過記者覺得中國青年果欲負起這個使命，有幾點尤其要注意到的是：（一）在這樣貧困擾亂的中國，青年感到個人生活走投無路，固不勝其苦悶，有的雖個人生活比較安逸，而看到周圍的腐爛，頹廢，貧窮，屈辱的情形，也不免感到極度的苦悶。所以青年要解除苦悶，要跟著中國現狀的改變與中國問題的解決而俱來。但改變中國現狀，解決中國問題，全靠青年的努力，故青年當拋開個人的利益，為群眾的利益而奮鬥，而犧牲。（二）對於全國的實際問題，應就各人所長而特加切實的研究，一旦需用，即可成竹在胸，不必臨渴掘井。在烏煙瘴氣不求效率的時代，才有今天內政明天教育後天交通的萬能人材插足之地；欲求效率，便須恃專能而一掃萬能。(三)須有與一切罪惡不妥協到底的決心。現在剝削民脂民膏的軍閥官僚中也有不少是已往的青年，因同流合汙，屈膝投降，一同滾到糞坑裡去，遂致奇臭不可向邇！現在的青年如果也閉著眼睛爭先恐後的鼓起勁兒盡往這裡面滾，李頓的「深慮」便成了杞人之憂了。

電子書購買　爽讀 APP

國家圖書館出版品預行編目資料

小言論（第二集）：擺脫帝國主義的陰影，透過「自救」獲得一線生機 / 鄒韜奮 著 . -- 第一版 . -- 臺北市 : 崧燁文化事業有限公司 , 2023.09
面；　公分
POD 版
ISBN 978-626-357-655-1(平裝)
1.CST: 時事評論 2.CST: 言論集 3.CST: 中國
078　　112014395

小言論（第二集）：擺脫帝國主義的陰影，透過「自救」獲得一線生機

臉書

作　　者 : 鄒韜奮
發 行 人 : 黃振庭
出 版 者 : 崧燁文化事業有限公司
發 行 者 : 崧燁文化事業有限公司
E-mail : sonbookservice@gmail.com
粉 絲 頁 : https://www.facebook.com/sonbookss/
網　　址 : https://sonbook.net/
地　　址 : 台北市中正區重慶南路一段六十一號八樓 815 室
Rm. 815, 8F., No.61, Sec. 1, Chongqing S. Rd., Zhongzheng Dist., Taipei City 100, Taiwan
電　　話 : (02) 2370-3310　　傳　　真 : (02) 2388-1990
印　　刷 : 京峯數位服務有限公司
律師顧問 : 廣華律師事務所 張珮琦律師

定　　價 : 399 元
發行日期 : 2023 年 09 月第一版
◎本書以 POD 印製